COZINHAR UM CONTINENTE

A Extração Destrutiva
e a Crise Climática na África

Nnimmo Bassey

Tradução e Revisão:
Boaventura Monjane e Michelle MV Hapetian

Agradecimentos

O autor da obra agradece a todos e todas que trabalharam para que a edição desta versão portuguesa fosse possível. O agradecimento vai especialmente para a articulação Diálogo dos Povos, a Trust for Community Outreach and Education (TCOE) e o Instituto Brasileiro de Análise Social e Económica (IBASE), que apoiaram a tradução deste livro.

Agradece-se também a Sérgio Bento e Acácio Muhosse pelas valiosas contribuições no processo da tradução e revisão desta versão.

Um agradecimento especial a Boaventura Monjane por ter acreditado firmemente que este projeto era possível e trabalhou arduamente para torna-lo realidade.

Published by
Darajapress
www.darajapress.com
for
Health of Mother Earth Foundation (HOMEF)
www.homef.org

ISBN-13: 978-1500405953
ISBN-10: 1500405957

Conteúdos

A economia da colónia não está integrada na da nação como um todo. Ainda está organizada de forma a completar a economia dos diferentes países-mãe. O colonialismo quase nunca explora a totalidade de um país. Contenta-se em trazer à luz os recursos naturais que extrai e exporta, para satisfazer as necessidades das indústrias da terra natal, permitindo, assim, que certos sectores da colónia se tornem relativamente ricos, enquanto os restantes se mantêm subdesenvolvidos e pobres ou até ficam pior. Imediatamente após a independência, os nacionais das regiões mais prósperas apercebem-se da sua sorte e mostram uma primeira e profunda reação, ao recusar-se a alimentar as outras nações...

A Unidade Africana, aquela fórmula vaga em que homens e mulheres de África estiveram apaixonadamente envolvidos e cujo valor operatório tanta pressão exerceu sobre o colonialismo, deixa cair a máscara e desintegra-se em regionalismo, fechada na concha vazia da própria nacionalidade.

Empenhada na defesa dos seus interesses imediatos, a burguesia nacional não olha para além do próprio nariz, revelando-se incapaz de simplesmente trazer a unidade nacional ao de cima, ou de construir a nação de modo estável e produtivo. A frente nacional que obrigou o colonialismo a retirar-se dissolve-se e desperdiça a vitória que ganhou.

Frantz Fanon, Os Condenados da Terra

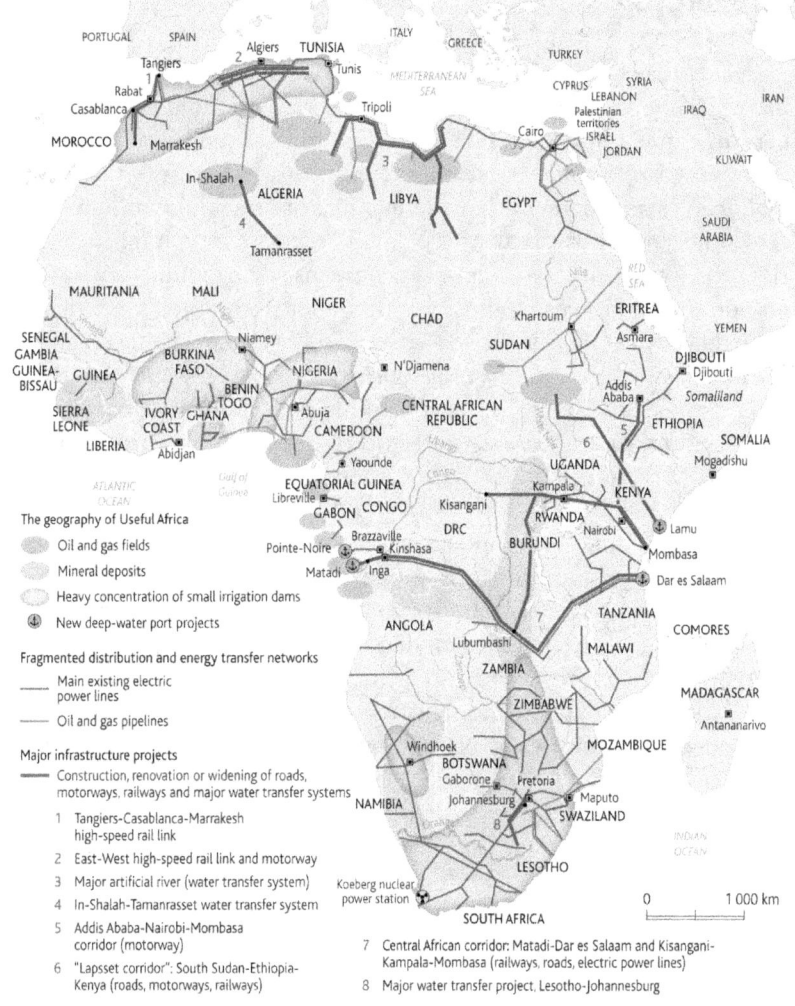

The geography of Useful Africa

- Oil and gas fields
- Mineral deposits
- Heavy concentration of small irrigation dams
- New deep-water port projects

Fragmented distribution and energy transfer networks

- Main existing electric power lines
- Oil and gas pipelines

Major infrastructure projects

- Construction, renovation or widening of roads, motorways, railways and major water transfer systems

1   Tangiers-Casablanca-Marrakesh high-speed rail link
2   East-West high-speed rail link and motorway
3   Major artificial river (water transfer system)
4   In-Shalah-Tamanrasset water transfer system
5   Addis Ababa-Nairobi-Mombasa corridor (motorway)
6   "Lapsset corridor": South Sudan-Ethiopia-Kenya (roads, motorways, railways)

7   Central African corridor: Matadi-Dar es Salaam and Kisangani-Kampala-Mombasa (railways, roads, electric power lines)
8   Major water transfer project, Lesotho-Johannesburg

0   1 000 km

O que as grandes potências cobiçam
Mapa de Philippe Rekacewicz, Le Monde Diplomatique

Prefácio

Na África há quem argumente que ter recursos valiosos não é necessariamente uma maldição. Que as riquezas naturais são uma bênção e que a maldição está apenas na forma como os recursos são usurpados, apropriados, extraídos e utilizados. Por outras palavras, a maldição está firmemente assente na estrutura social do mundo.

Comecemos por ressalvar a palavra "recurso" que implica que as riquezas naturais são uma recompensa atribuída ao roubo corporativo. Mas nós, como seres humanos, estaremos a enquadrar incorretamente o dilema da extração, se não assinalarmos o intrínseco direito da natureza a sobreviver nos seus próprios termos. Mais importante, como parte integrante da Mãe Terra que somos, não estamos separados dela. O seu direito de existir e proporcionar as condições necessárias para a existência de todas as espécies não deve ser violado.

Dito isto, todo o mundo reconhece que a África é rica em recursos. Não restam dúvidas de que o continente tem abastecido o Norte de energia e matérias-primas. Sabemos que as mudanças climáticas que hoje afetam o mundo se devem principalmente ao uso excessivo dos combustíveis fósseis, à destruição das florestas indígenas e à exploração da agricultura comercial a uma escala global, por parte das economias ricas. O que tem sido ocultado é a resposta a esta realidade. De facto, a questão que se promove nos círculos políticos é muitas vezes a de apurar o que pode ser feito à África. Só em raros momentos de generosidade é que a questão passa a ser a de apurar o que pode ser feito *pela* África.

Este livro debruça-se sobre o que tem sido feito *à* África e como os Africanos e os povos do mundo deveriam reagir, para o bem coletivo de todos. Os conflitos por recursos em África têm sido orquestrados, por uma história de ganância e consumo voraz. Fazemos a seguinte pergunta: deveremos nós deixar de abordar esses conflitos? Associamos a corrida pela extração irracional ao pagamento da dívida odiosa e vamos exigir uma visita aos livros de contabilidade, perguntando quantos custos ambientais e de outra natureza são incluídos: quem realmente deve o quê a quem? Não seria a África o credor do mundo, se tomássemos seriamente em conta a "dívida ecológica" que o Norte tem para com o Sul?

O que torna possível a falta de regulação no sector da extração em África, o roubo descarado e as incríveis atividades da extração destrutiva? Liderando a multiplicidade dos fatores estão as relações de poder que dão continuidade e agravam a bagagem da escravidão, do colonialismo e do neocolonialismo. Do ponto de vista nigeriano mas na tradição da economia política panafricanista e da política ecológica global, este livro desempacota esses temas e proporciona contentores para depositar todos os desperdícios tóxicos desnecessários.

Dada a minha própria experiência, as páginas que se seguem prestam especial atenção à indústria petrolífera na África, à história das lutas pela justiça ambiental no Delta do Níger, à descoberta de campos petrolíferos no Vale do *Rift*, no Uganda, e à grande atração pelas jazidas de petróleo descobertas no Golfo da Guiné. À medida que examinamos os impactos da extração dos combustíveis fósseis no continente, vamos analisando as usurpações maciças de terras para a produção de agrocombustíveis e alimentos para exportação.

O que pode a África fazer? E uma vez que os nossos povos decidirem, poderá o resto do mundo agir em solidariedade? Caso contrário, continuaremos nós a trilhar o caminho definido pelas elites que nos acantona cada vez mais? Devemos nós viver em negação, fechando os olhos às crescentes catástrofes sociais e económicas que nos rodeiam?

Não poderei deixar de expressar o meu agradecimento a Evelyn, a minha esposa e camarada, que tem sido um pilar de apoio em todos meus esforços. Tenho uma imensa dívida de gratidão para com Firoze Manji do *Pambazuka Press* e *Pambazuka News* que me desafiou e estimulou a escrever este livro e que esperou pacientemente no seu período de gestação.

Devo também uma profunda gratidão a Khadija Sharife e a Patrick Bond, dois dos mais persistentes oponentes da exploração e opacidade, trabalhando no nosso continente. A sua colaboração neste projeto foi muito valiosa, devido ao profundo conhecimento que têm dos assuntos tratados no livro, à prontidão em partilhar informações e à critica que foram fazendo, enquanto o trabalho se desenvolvia. Não me esqueço de Bond vendo o manuscrito com dois *laptops* ligados por memórias USB; sempre que a bateria de um se esgotava, passava para o outro, na nossa longa viagem de autocarro e barco, quando íamos para Yasuni, vindos de Quito. Agradeço muito pela inspiração e ajuda. Não preciso de dizer que nenhum deles é responsável pelo que digo no livro.

Primeira Parte
Desempacotar a África

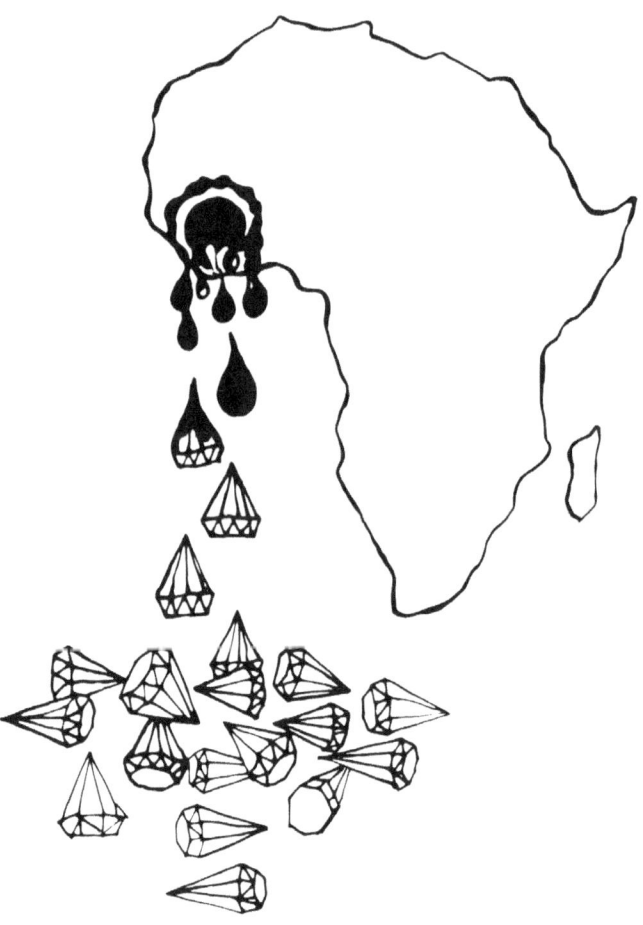

Introdução: a atração da África

Colocados na laje
Abatidos pelo dia
Somos os vivos
Sempre sacrificados[1]

UMA DAS PIORES queimas de gás no Delta do Níger ocorre numa antiga instalação da Shell em Oben, na fronteira entre os Estados do Delta e Edo. Há mais de 30 anos que lá estão, rugindo e crepitando, ininterruptamente, desde que a Shell as acendeu. O gás queimado deriva do petróleo bruto extraído dos poços no campo de Oben. Tal como as mais de 200 outras estações de escoamento, ao longo do Delta do Níger, essas queimas de gás expelem substâncias tóxicas para a atmosfera, envenenando o ambiente e as pessoas. À escala global, as queimas de gás libertam anualmente cerca de 400 milhões de toneladas de dióxido de carbono na atmosfera. Aqui, na Nigéria, o clima é descaradamente agredido tanto a curto prazo por queimas de gás como a longo prazo pelas emissões de CO_2 das práticas sujas. Na infame hierarquia da queima de gás, a Nigéria ocupa a segunda posição, depois da Rússia.

As queimas de gás e o derrame de petróleo têm atraído a atenção do mundo, sendo consideradas as duas agressões mais visíveis no Delta do Níger. Não foi surpreendente que, quando o parlamento holandês decidiu deter a audição sobre as atividades da Shell na Nigéria, jornalistas e deputados dos Países Baixos tenham decidido visitar a região para ver as coisas com os próprios olhos. No dia 18 de dezembro de 2010, logo depois das desastrosas negociações das Nações Unidas sobre as Mudanças Climáticas, em Cancun, estava eu em Oben, acompanhado por Sharon Gesthuisen, deputada do Partido Socialista do parlamento holandês, um diplomata holandês e

3

Sunny Ofehe, da Campanha "Esperança para o Delta do Níger". A nossa viagem começou na cidade de Benim, no início da noite, depois de a deputada ter aterrado, vinda de Lagos. Escoltados por uma equipa de gente da comunidade de Oben, fizemos um percurso de uma hora pela autoestrada, desde a cidade de Benim até Warri – uma estrada conhecida pelo elevado número de postos militares de inspeção e verificação e que levaria qualquer um a pensar que a Nigéria estava em guerra. Serpenteámos pelos perigosos bloqueios de estrada feitos com lixo arremessado das matas mais próximas e saímos da autoestrada em Jesse, mesmo antes de Sapele, de onde tomámos uma estrada estreita e sinuosa para Oben. Jesse é importante na trágica história do Delta do Níger: foi nessa comunidade que o incêndio de um oleoduto de gasolina matou cerca de mil pessoas, em 1998.

Chegámos a Oben por volta das sete da noite e fomos encaminhados para um posto militar de inspeção que guarnecia a estação de escoamento de petróleo e os dragões flamejantes. Conseguir entrar numa instalação fortemente guarnecida foi fácil; sair, não. Assim que chegámos, um trabalhador com que nos deparámos falou-nos um pouco do que aí tinha acontecido. As pessoas da comunidade reclamavam por já suportarem as queimas há mais de três décadas, enquanto viam os seus sonhos de emprego e projetos de desenvolvimento desvanecer-se.

A deputada holandesa estava pasmada com o que via e satisfeita por ter feito aquela viagem, ou dependeria somente das visitas guiadas e organizadas pela gigante Shell que só lhe tentariam mostrar que a empresa é amiga do ambiente. As chamas lançavam-se e rugiam implacavelmente. Tentámos aproximar-nos lentamente, mas vimo-nos obrigados a recuar, por causa do calor insuportável. Quando nos íamos embora, o esplendor dos céus do povoado fazia contraste com a escuridão das casas sem eletricidade. Mas não pudemos partir.

As nossas viaturas estavam cercadas por soldados da *Task Force* Conjunta, uma força militar que se tornou infame por causa de uma unidade armada especificamente criada para punir o povo Ogoni, nos anos 90. Os soldados exigiram saber com que autoridade visitávamos o local da queima de gás. Não nos deixariam partir sem lhes apresentarmos uma carta de autorização emitida na sede da *Task Force* Conjunta. Não aceitaram as nossas explicações de que estávamos ali a convite da comunidade. A presença de uma deputada holandesa e de um diplomata não significava nada para aqueles sujeitos que aparentemente conheciam o seu papel. Passaram horas. A escuridão da noite lutava com a incandescência das queimas de gás. Os soldados presos às suas armas.

Os homens da *Task Force* Conjunta pediram as chaves das nossas viaturas e ameaçaram esvaziar os pneus. Não sairíamos dali naquela noite, insistiam. Seguiram-se mais ameaças. Ergueram-se e baixaram-se espingardas. Não chamariam os superiores. Eram os *senhores*, trabalhando a mando do capital. A certa altura, o jornalista nigeriano que estava na nossa equipa telefonou ao oficial de imprensa da *Task Force* Conjunta. Depois de muito protelarem, os soldados anotaram as matrículas das viaturas e ficaram com nossos nomes, endereços e declarações, antes de nos deixarem partir, à meia noite. Voltámos para a cidade de Benim em silêncio, pensando nos perigos que enfrentam as comunidades que vivem nos campos petrolíferos e nas violações dos direitos humanos que sofrem regularmente aqueles que observam e questionam os infortúnios ocorridos na terra. Para a deputada holandesa, os eventos da noite foram uma excelente introdução ao Delta do Níger e às operações das companhias petrolíferas: exploram, degradam, destroem e castigam o ambiente e as pessoas. O cenário repete-se por todo o continente.

A atração dos recursos Africanos

Há muito que o continente africano atrai o mundo. No início, os forasteiros viam o continente como sendo nada mais do que uma costa. Para além do litoral estava uma terra escura e desconhecida. Enquanto o território permanecia desconhecido para os forasteiros, floresciam reinos no continente e as pessoas viviam em harmonia com o seu ambiente, numa relação cultural e espiritual sustentável que parece muito estranha e exótica no mundo de hoje.

Para os Europeus, a África começou por se restringir somente às margens do Mediterrâneo, alargando-se, mais tarde, à ponta meridional, onde o entreposto de comércio com a Índia que estabeleceram em 1652 deixou marcas indeléveis. Mesmo antes disso, a escravatura e a pilhagem eram já comuns. Os comerciantes árabes e os seus colaboradores na costa oriental foram dos primeiros a ver o corpo negro como um recurso a ser extraído. Depois, os colonialistas ingleses, espanhóis, franceses e portugueses que levariam 20 milhões de pessoas para a escravatura, dos litorais oeste e meridional.

Quando os exploradores penetraram profundamente no interior, espantaram-se com a terra fértil em recursos que descobriram. Ao longo do século XVIII , a África tornou-se um armazém de minérios, vida vegetal e animal, bem como de pessoas.

5

A obra *The Scramble for Africa*, de Thomas Pakenham, denominou a África como uma "lotaria": um bilhete premiado que trouxe prémios fantásticos[2]. David Livingstone, um dos primeiros exploradores, defendia que a África poderia ser salva pelo trípode do comércio, da cristandade e da civilização. Pakenham respondeu com muita razão que a invasão era quadrúpede e que o quarto pé era a conquista. Deveria ter acrescentado que o colonialismo foi um grotesco desvio do cristianismo e da civilização que até hoje têm feito persistir o comércio e a conquista numa diversidade de formas.

Muitas vezes, lemos sobre os invasores que burlaram ou enganaram o continente com uma bíblia numa mão e uma espingarda noutra. Tal como o Arcebispo Desmond Tutu referiu, quando vieram para a África, os missionários tinham uma bíblia e nós tínhamos a terra, mas eles pediram-nos que fechássemos os olhos e orássemos e, quando abrimos os olhos, percebemos que já eram eles que tinham a terra e nós muitas bíblias. Embora não queira repisar essa análise, é importante notar que, até ao séc. XIX, a mentalidade dos povos europeus convergia no sentido de se proclamar a conquista de territórios uma questão inevitável e divina. Escrevendo em 1853, até Karl Marx argumentou que "a Inglaterra tinha duas missões na Índia: uma destrutiva e outra regenerativa − a aniquilação da antiga sociedade asiática e o estabelecimento da base material da sociedade ocidental na Ásia[3]". Quando substituímos a "Ásia" pela "África", o padrão de pensamento tornou-se ainda mais explícito. De facto, pensava-se que a destruição maciça de culturas e da natureza poderia, até, beneficiar os pilhados.

A conquista significava divisão e desunião em todo o continente. Significava separação de nações e reinos em blocos diferentes − a amálgama de unidades díspares em novas unidades a formar estados em tensão permanente e sem nenhuma garantia de paz. A conquista e a divisão prostraram inúmeras civilizações na África, nas Américas e na Ásia, escoando recursos para alimentar a Revolução Industrial na Europa.

Os atos de genocídio de um grupo étnico africano contra o outro não podem ser descurados nesta história. Em qualquer situação onde as nações ou grupos competem pelo poder ou acesso aos recursos, o conflito pode começar por meros murmúrios e escalar para guerras fratricidas abertas. O caso mais sangrento de genocídio na história recente é o que ocorreu no Ruanda. O arcebispo Tutu visitou o Ruanda um ano após o genocídio: "Vi crânios que ainda tinham catanas e punhais espetados. Não consegui rezar. Só chorar[4]."

Desde os primeiros anos da colonização que as fissuras do

continente separaram os africanos em caixas: anglófonos para os britânicos, francófonos para os regidos pela França, lusófonos para os dominados pelos portugueses. Com certeza que havia outros dominados por italianos, belgas, alemães e espanhóis. Criaram-se fronteiras nacionais arbitrariamente, às vezes, usando uma régua e sem dar qualquer relevância às afinidades étnicas nacionais do local. Mas isso não importava nada para os conquistadores cujo único objetivo era o acesso livre aos recursos exigidos pelo capital na Europa[5].

Enquanto a Grã-Bretanha tendia a favorecer a estratégia da governação indireta, na administração das suas colónias, a França preferia usar a forma de assimilação. Através da governação indireta, os britânicos utilizavam intermediários ou mediadores locais para dirigirem os territórios, ao mesmo tempo que mantinham o domínio nas estruturas centrais de poder. Tais intermediários incluíam chefes locais e um grupo crescente de elites. Os franceses, por outro lado, integravam os africanos nas suas colónias, dando-lhes a sensação de serem cidadãos franceses apesar de não o serem. A assimilação incluía assentos para os representantes da África no parlamento francês.

Ao longo do tempo, a dominação dos Estados Unidos sobre a América Latina, bem como a forte influência da Rússia e da China na Ásia, foram sendo vistas como uma forte razão para uma união Eurafricana[6]. Num artigo sobre o assunto, datado de 1957, a revista *Time* fez um comentário sobre a proposta da Euráfrica, referindo-se à afirmação de Christian Pineau, ministro dos negócios estrangeiros francês:

> Pineau disse que a França tem grandes planos benéficos não só para a Argélia, mas também para todos os seus territórios africanos. Disse ele: "No dia em que o mercado comum [europeu] [...] tiver sido criado, [a França] gostaria de promover a formação da Euráfrica como um todo. A Europa, na sua totalidade, trazendo para a África o seu capital e as suas técnicas, pode permitir que o continente se torne um fator essencial na política mundial". A visão de Pineau da Euráfrica não fez nada para amortecer o fervoroso anticolonialismo dos países árabe-asiáticos.

De entre os líderes que difundiram essa ideia, destacou-se o estadista africano Léopold Senghor do Senegal, para quem esse relacionamento seria mutuamente benéfico. Criaram-se disposições exaustivas no Plano de Estrasburgo de 1952 que acabaram por ser rejeitadas. Para os europeus mais poderosos, a África era claramente um pátio onde poderiam exercer uma contínua influência, extrair recursos para suprir as suas necessidades e mobilizar um exército, sempre que a situação assim o exigisse. Não estavam, contudo, preparados para dar aos outros estados europeus acesso ilimitado aos recursos e à comercialização dos territórios sob o seu controle, nem para se envolverem nas políticas coloniais dos outros governantes europeus.

Os escravos e outras fontes de energia

O acesso à matéria-prima e à mão-de-obra barata tornou a pilhagem da África irresistível. Um negreiro é citado como tendo dito que os escravos eram "gratuitos"; bastava só recolhê-los[7]. O derramamento de sangue e a fácil eliminação das vidas dos nativos não significava nada. Desse modo, a primeira incursão na África foi motivada pela liberdade de se fazer o que se quisesse, dentro da sanduíche do comércio e da conquista.

Os níveis de exploração da mão-de-obra nesses primeiros anos são inimagináveis quando considerados hoje. Tomemos o exemplo da exploração de minérios de estanho na área planáltica da Nigéria. De acordo com James Coleman, antes da construção da linha-férrea para as minas de Jos, na Nigéria, 23000 africanos tiveram que carregar toneladas de minério nas suas mãos, por distâncias de 320Km[8]. Os africanos percorriam longas distâncias para participar em guerras que não eram do seu interesse: 374000 africanos serviram no exército britânico, durante a Segunda Guerra Mundial, e muitos foram enviados para frentes tão distantes como a da Birmânia (atual Myanmar). Está registado que os corpos dos soldados africanos tombados foram mutilados por alguns dos soldados de Hitler, enquanto pelo menos 3000 prisioneiros de guerra africanos foram massacrados na França.

Parecia que os soldados africanos não só lutavam pelas guerras dos outros, mas também se tornavam objeto de desporto e entretenimento bárbaro[9].

Nos seus próprios países houve outros efeitos da deslocação. Na Serra Leoa, por exemplo, o recrutamento de jovens que se dedicavam à agricultura levou à carência de alimentos em 1919.

Uma chávena de arroz que antes era vendida a uma libra, passara a ser vendida a cinco. O impacto nos trabalhadores foi particularmente forte e levou-os a exigir aumentos salariais. O governo importou arroz para reduzir o impacto da carência, mas muito pouco e já demasiado tarde[10].

A África não só fornecia matérias-primas, como também era um mercado para os produtos acabados. O estímulo do apetite da África por produtos estrangeiros era garantido pelo exercício do controlo político e a imposição de normas consumistas ocidentais. A força que vem da unidade e o potencial inerente ao uso da matéria-prima para o próprio desenvolvimento eram completamente recusados em qualquer território conquistado.

A colonização do continente pode ser entendida como uma fase do relacionamento em que as potências europeias passaram a desempenhar os papéis que antes eram desempenhados por entidades comerciais, tais como a Royal Niger Company que dominava o Delta do Níger. O poder da Firestone Company da América garantia por conveniência que os africanos a viver naquilo que é hoje conhecido como a Libéria ficassem livres do domínio colonial. Na África Austral, a emergência da autoridade colonial aliviou a Companhia Britânica da África do Sul de distrações políticas e administrativas diretas. As empresas intensificaram o seu trabalho de exploração dos recursos, enquanto os governos coloniais ofereciam segurança e o cenário necessário para a obtenção ilimitada de lucros desenfreados.

Esse modelo continuou a funcionar já na chamada era pós-colonial (aliás, neocolonial). Na verdade, cientes da natureza orientada para as rendas dos regimes dependentes e financiados pelos recursos, as empresas exploram essa vulnerabilidade, ganhando lucros avultados com ela. As coisas nunca foram melhores para as empresas, com os seus oficiais a ditarem ordens nos corredores do poder, para garantir políticas estatais que lhes promovam ainda mais os interesses, independentemente do impacto que esses possam ter sobre as pessoas que esses governos devem supostamente representar. Enquanto a era colonial dava os primeiros passos na África, um punhado de europeus acionava as alavancas do poder sobre os milhões de pessoas que compunham as populações locais. Depois de algumas guerras e várias escaramuças, conseguiram deixar o continente de joelhos. Tanto assim foi que os pouco menos de 2500 brancos que viviam na Rodésia já tinham reclamado mais de 50% do território total antes de 1980, enquanto 87% da terra da África do Sul foi tomado por colonos[11].

A invasão da África enfrentou efetivamente resistência, mas esta foi dominada pela pura força das armas de fogo, ou pelas subtis mentiras dos invasores e as traições dos compatriotas. Uma coisa não pode ser refutada: azagaias dificilmente podem resistir a canhões. Enquanto a azagaia ou a seta assobiavam silenciosamente, o cano ressoava com um estrondo capaz de intimidar um guerreiro forte que desconhecesse essas armas de destruição maciça.

Um outro fator que facilitou a invasão foi a intrínseca crença do africano de que a humanidade de uma pessoa está intimamente ligada à humanidade da outra pessoa. Essa é uma construção filosófica conhecida como *ubuntu*.

O arcebispo Tutu explica claramente o conceito.

> A primeira regra do nosso ser é que fomos colocados numa rede delicada de interdependência com os seres humanos nossos semelhantes e com o resto da criação divina. Em África o reconhecimento da nossa interdependência é chamada *ubuntu* na língua Nguni, ou *botho* em Suto, que é difícil traduzir para Inglês. É a essência do ser humano. Tem que ver com o facto de a minha humanidade estar enredada na sua, à qual está intimamente ligada. Eu sou humano porque faço parte desse todo. Tem que ver com integralidade e compaixão. Uma pessoa com *ubuntu* é acolhedora, hospitaleira, afável e generosa, disposta a partilhar. É gente aberta e disponível para o seu próximo que não se sente ameaçada por ninguém, nem rejeita a sua própria vulnerabilidade... Sabem que ficam inferiorizadas quando os outros são humilhados, oprimidos e tratados como se lhes fossem inferiores. A qualidade de *ubuntu* dá resiliência às pessoas, permitindo-lhes sobreviver e permanecer humanas, apesar de todos os esforços exteriores para as desumanizar[12].

É um pouco romântico presumir que os africanos tiveram uma atitude inclusiva no seu relacionamento com os europeus. A

10

desumanização dos africanos deve ter tido um efeito debilitante numa população que acreditava no lado bom da humanidade. Podemos constatar esse fato, pelas graves ofensas causadas pela escravatura. A perda da África era a vitória dos comerciantes. Não importava quantas vidas se perdiam nas viagens pelos mares traiçoeiros.

O que interessava é que uma parte da carga chegasse intacta às costas distantes.

Tanto mais que uma companhia como a Royal African Company conseguia pagar aos seus acionistas 300% dos dividendos, quando dos 70000 escravos que eles embarcaram entre 1680 e 1688 só 46000 sobreviveram. Dos que não conseguiram fazer a travessia, uns morreram de epidemias e outros cometeram suicídio, recusando-se a comer, enforcando-se com as próprias correntes, ou atirando-se ao mar para o meio dos tubarões[13].

Os suicídios não eram atos de covardia. Simbolizavam a rejeição da auto-diminuição.

O caminho do colonialismo não se fez pela paz e pela fácil pacificação. O colonialismo e o capitalismo tentavam extrair recursos com o menor investimento e custo possíveis. Em grande medida, a extração de recursos dos territórios conquistados foi, e tem sido, nada mais nada menos do que um perfeito roubo. Marx escreveu no *Capital*:

> A descoberta de ouro e prata na América, o extermínio, a escravidão e o enterramento nas minas das populações indígenas daquele continente, o início da conquista e da pilhagem da Índia, a transformação da África em reserva de caça comercial de negros, são os fatores que caracterizam o despontar da produção capitalista. Esses procedimentos idílicos constituem os principais momentos da acumulação primitiva[14].

A dependência da mão-de-obra gratuita ou barata galvanizou o comércio de escravos. O comércio de escravos oferecia energia para a extração de recursos naturais e para a produção agrícola. Os escravos eram o combustível vital do capitalismo. Fonte fértil de escravos para alimentar a máquina das terras estrangeiras, a África ficava imersa em choro e tristeza. Muita riqueza se construiu à custa do genocídio e da exploração maciça da natureza, através do que foi denominado imperialismo ecológico[15].

Ferramentas muito úteis que permitiam às colónias alimentar um consumismo conspícuo nas metrópoles, a carga fiscal imposta aos súbditos coloniais e o protecionismo também provocaram muita resistência. A mais notável foi a Marcha do Sal organizada por Mahatma Ghandi, na Índia. No Leste da Nigéria, as mulheres Aba protestaram contra a tributação fiscal injusta e a destruição dos seus meios de subsistência, em 1928-30. As mulheres ressentiam-se da dificuldade económica que a tributação aos maridos e filhos gerava nas suas famílias. Enquanto os homens fugiam para o mato assim que avistavam os coletores dos impostos, as mulheres levantavam-se em protesto. A situação intensificou-se ao ponto de as protestantes arrombarem as portas das prisões em Umuahia e forçarem os oficiais a entregar os seus bonés[16]. Há muitas histórias semelhantes de resistência heroica em todo o continente.

A África sempre foi um continente rico, mesmo que a população não partilhe ou exiba os seus bens naturais. Existe uma desconexão típica entre os recursos reclamados pelo estado e os recursos do povo, para não falar do valor intrínseco da natureza que nunca pode ser reduzido às funcionalidades dos recursos. Essa desconexão emerge de vários fatores básicos, entre os quais, a perda da soberania do povo para o aparato político e militar do estado. Os cidadãos afastam-se da economia nacional, vivem da forma mais autónoma possível e, em consequência, não entendem nada do cálculo do PIB ou dos outros índices de medição do desenvolvimento dos círculos oficiais.

A revogação da soberania dos povos começou com os primeiros confrontos com o regime estrangeiro. Os cidadãos não tinham voz, em relação a quem administrava os seus negócios e eram simplesmente obrigados a submeter-se à autoridade. Essa é a brasa que arde sem chama debaixo da lareira do despotismo, onde reina o proverbial homem mais forte. A liderança sem prestação de contas sempre favoreceu a exploração inescrupulosa dos recursos, baseando-se em conceitos deformados de um comércio livre que é tudo menos livre e de modo algum justo. O comércio dos recursos africanos foi em grande medida reforçado por forças externas que determinavam os preços da matéria-prima – exportada – e, também, dos produtos acabados que retornam depois do processamento no estrangeiro.

Patrick Bond demonstrou que liberalização imposta pelas instituições internacionais acentua as práticas comerciais injustas e agrava as relações de investimento: "Os danos da liberalização do comércio não se limitam ao impulso da exportação dos produtos primários com todas as suas implicações adversas. Para além disso, as elites africanas depressa estimularam tarifas protecionistas", destruindo as indústrias locais[17].

Convém refletir sobre o desenvolvimento do campo de "desenvolvimento económico" em si. No fim da Segunda Guerra Mundial, os debates sobre o desenvolvimento tanto na Assembleia Geral como no Conselho Económico e Social (ECOSOC) dos Estados Unidos foram principalmente a respeito das nações industrializadas. Ao incluir as preocupações das outras nações, o debate assumiu um tom condescendente. Pelo menos um delegado terá afirmado ser para ele um prazer levar ao povo africano "um modo de raciocínio ocidental[18]". Nesses debates dava-se a primazia aos interesses dos poderes coloniais, tal como um pai autoritário se relacionaria com o filho, ignorando-lhe os sentimentos.

De acordo com Pierre de Senarclens, "a 'missão civilizadora' do ocidente expandiu-se devido aos esforços levados a cabo para desenvolver os países pela concessão de crédito, o investimento de capital e o apoio técnico económico. Em 1951, perante a Assembleia, o delegado americano Mike Mansfield equiparou essa política a uma continuidade das atividades missionárias[19]." As dimensões de desenvolvimento que foram convenientemente ignoradas incluíam a distribuição de poder e o controlo sobre os recursos naturais.

Em resultado, a chamada maldição dos recurso pode ser atribuída não só aos ditadores corruptos e desprezíveis cuja riqueza guardada no estrangeiro muitas vezes excede a dívida externa dos seus países, mas também às relações neocoloniais. Atribuir a culpa da maldição dos recursos só aos ditadores, como fazem alguns políticos ocidentais, é não admitir que a pilhagem colonial da África continua nos mesmos moldes desses tempos obscuros, perpetuada pelas grandes empresas transnacionais, as regras comerciais, os acordos bilaterais e multilaterais e as agências internacionais poderosas, tais como o Banco Mundial e Fundo Monetário Internacional (FMI). Essas forças mantêm o controlo sobre a África, impõem programas de ajustamento estrutural que sufocam o desenvolvimento e depois lançam algumas moedas em forma de ajuda às mãos de um continente devastado.

A história foi-se repetindo, ao longo dos tempos. Comunidades e nações inteiras veem-se desprovidas dos seus meios materiais de produção, separadas dos seus sistemas de subsistência sustentáveis e tornadas espetadoras em vielas poeirentas, enquanto os governantes e as agências internacionais discursam sobre desenvolvimento e progresso. Por mais que as nações se esforcem por suprir as necessidades alimentares locais, não conseguem libertar-se das correntes continuamente criadas por conselhos de peritos que as aconselham a utilizar a terra arável para uma agricultura que não beneficia os cidadãos locais, porque só se destina à exportação. Após séculos de pilhagem, o que resta na África para atrair os aventureiros e exploradores do El Dourado?

A África é rica

Terra santa
Os teus defensores
Dão as mãos pelas gerações
Fundem-se crianças, antepassados e borboletas,
confrontando a ira dos viciados no crude
O impotente capital travado pelos guardiões
do teu estimado espaço
E tu firme te manténs
Com essa calma me chocas
A tua viçosa juba, rios da vida
Cercado está o melhor pedaço da Mãe Terra[1]

Apesar do saque ininterrupto que sofre, a África continua rica. Se os negreiros do passado tiveram de desbravar territórios desconhecidos para chegar à sua mercadoria, quem os seguiu, no comboio colonial, teve de arranjar meios para congregar cúmplices no continente. Ao longo dos anos, esquartejou-se o continente com vias férreas, autoestradas e portos, para facilitar a extração e o acondicionamento de produtos destinados aos ávidos consumidores e fábricas do Norte. A história ainda hoje permanece a mesma.

Na sua obra prima, *How Europe Underdeveloped Africa[2]*, Walter Rodney diz que o capitalismo pode ter revolucionado a agricultura na Europa, mas não o fez na África. O colonialismo em nada melhorou a agricultura e a mão-de-obra escrava não servia para o trabalho fabril. A divisão de trabalho internacional requer mão-de-obra qualificada nas metrópoles e não qualificada nas colónias dependentes. Rodney conclui: "As provas mais convincentes da superficialidade do discurso de que o colonialismo 'modernizou' a África é o facto de a grande maioria dos africanos ter entrado no

15

colonialismo com uma enxada e saído com uma enxada."

A realidade é que, hoje em dia, a África pouco mais é do que uma simples fornecedora de matéria-prima. Essa realidade assenta na estrutura global de relações profundamente arreigada na desigualdade, pois, como observa Eduardo Galeano, os Estados Unidos expandiram-se em território e eram altamente protecionistas nas relações comerciais, enquanto as colónias da América Latina foram fragmentadas e obrigadas a liberalizar o comércio, abrindo as portas a importações baratas que emascularam as manufaturas emergentes. Não obstante, as crises económicas e políticas que marcaram as décadas de 30 e 40 do século XX no Norte permitiram um certo grau de desconexão, equilíbrio e crescimento nalgumas partes do Sul – até em colónias como a África do Sul e o Zimbabué – levando à teoria da dependência da escola dos anos 70, em prol do crescimento orientado para o interior.

Desde os anos 80 que o Norte assumiu um papel preponderante nas políticas de protecionismo, utilizando todos os meios ao seu alcance tanto para manter esse privilégio como para obrigar as nações do Sul a criarem as chamadas zonas de comércio livre e para aderirem a uma série de acordos comerciais. De entre esses acordos promovidos pelas grandes instituições financeiras internacionais destacam-se os infames programas de ajustamento estrutural (PAE) que dizimaram as economias africanas nas décadas de 80 e 90. Esses programas incluíam instrumentos aplicáveis aos países pobres e altamente endividados, conhecidos como os documentos de estratégia para a redução da pobreza. A Organização Mundial do Comércio e as suas normas ilustram bem a injustiça gritante do regime do comércio mundial.

As PAE conduziram à privatização das empresas estatais, sob o pretexto de que só o setor privado funciona eficazmente. Essa doutrina levou a que o setor público passasse as instituições que havia incubado e feito nascer para as mãos dos privados mais influentes no sistema. Tal como sucedeu com a crise financeira que assolou o mundo em 2008 e que assentou na gestão danosa das empresas privadas, canalizam-se fundos públicos para alimentar e restabelecer essas empresas que, depois, voltam para as mãos rascas das mesmas pessoas que as enterraram. É como dar a guarda paternal permanente de uma criança a um padrasto que a maltratou sem quaisquer remorsos.

Uma outra manifestação da estratégia de privatização é o facto de as empresas públicas serem vendidas a empresas transnacionais diretamente ou através de frentes locais. É uma forma fácil de

16

aniquilar a oposição, em que tanto o comprador como a empresa a ser leiloada entram em competição. Quando arrebatam as empresas locais, as transnacionais também abortam a possibilidade de desenvolvimento económico autónomo.

Outra consequência é que as PAE insistem em promover as exportações, sob condições ridículas de favorecimento prejudiciais para o país de implementação. Com a eliminação das barreiras ao comércio, a desvalorização da moeda e a contenção de despesas nos serviços públicos, os países perdem o controlo sobre as suas economias. Para além disso, aplicam-se cortes ao financiamento dos serviços sociais. Consequentemente, os países resvalam cada vez mais fundo para a armadilha da dívida.

A armadilha da dívida é outro modo eficaz de garantir a canalização das matérias-primas para o Norte. As nações africanas gemem, vergadas, sob o fardo das dívidas cuja amortização lhes exige um crescente câmbio externo. Assim, veem-se obrigadas a aceitar a extração ilimitada dos seus recursos, para satisfazer a sede insaciável dos credores. Podemos comparar superficialmente os esforços das nações devedoras para se manterem à altura das exigências e se libertarem das dívidas aos de um cão que persegue a própria cauda – mas melhor ainda seria considerar essa situação uma nova forma de escravatura, em que o escravo julga ser livre.

Os conflitos mais violentos da África têm origem na disputa pelos seus recursos naturais. Tratam-se de conflitos com diferentes manifestações e graus de intensidade. Ocorrem também vários casos mal reportados de operadores da indústria extrativa a invadir o continente para deitarem a mão ao que puderem, destruindo a terra e empobrecendo as populações. Pensemos nos conflitos que deixaram a Libéria e a Serra Leoa de rastos, nos que devastam a região dos Grandes Lagos da África Central e o Sudão, bem como na guerra travada nos campos petrolíferos do Delta do Niger[3], na Nigéria. Começamos pelo caso trágico da República Democrática do Congo (RDC).

O caos congolês

Quando escreve sobre a guerra do Congo dos anos 60 do século XX, Che Guevara comenta: "A riqueza mineral fez de Katanga uma zona fulcral do Congo e o campo onde se desenrolou uma das mais duras batalhas[4]." Forças que alimentam as relações de poder, esses conflitos são reais e não deixarão de deflagrar enquanto os grandes negócios insistirem em retirar lucros da consequente miséria humana.

Ao analisar a forma como o imperialismo ocidental alimentava o

17

conflito na RDC, nos finais de 2008, Matt Slager refere:

> Os mais recentes confrontos na parte oriental da República Democrática do Congo (RDC) não resultam de rivalidades étnicas, tal como explicam os meios de comunicação social dominantes; são a consequência lógica da intervenção dos governos ocidentais e das empresas sedentas de lucros. Os EUA promovem ambos os lados do conflito – fomentando o apoio do vizinho Ruanda às forças rebeldes, por um lado, e uma operação de "manutenção da paz" das Nações Unidas, em apoio às tropas nacionais da RDC, por outro. Torna-se por de mais evidente que a paz para o povo congolês é secundária, relativamente aos interesses económicos e políticos dos EUA na região[5].

As guerras congolesas pelos recursos são ocasionalmente caracterizadas como guerra civil de grupos rebeldes que lutam por diferenças étnicas, mas a verdade é que os conflitos assentam todos na ganância pelos abundantes recursos da região. É um conflito que poderia muito bem levar a uma conflagração bastante mais vasta, fazendo eco dos conflitos passados em que mais de 5,2 milhões de congoleses perderam as vidas, entre 1998 e 2004. Tal como salienta Leo Zeilig, essa guerra horrenda foi "o conflito mais sangrento, desde o fim da Segunda Guerra Mundial[6]".

A bacia do Congo tem uma riqueza de proporções lendárias. É aí que se encontram algumas das maiores florestas tropicais do continente e grandes quantidades de minérios sólidos à espera de ser extraídos. A Província de Kivu, na RDC, está carregada de ouro, coltan, cassiterite e outros minérios. O Ruanda, o Uganda e os seus apoiantes nos Estados Unidos têm muito interesse em manter os corredores de extração da parte oriental da RDC abertos ao comércio, numa espessa nuvem de pólvora e num profundo pântano de sangue.

No Congo, o reinado colonial da Bélgica sob o rei Leopoldo caracterizou-se por uma violência em grande escala. Os agentes desse rei belga que nunca visitou a África, escravizaram os africanos e utilizaram-nos para recolher marfim e borracha. Cortavam-se as

18

mãos a quem não correspondia às expectativas. Esse padrão continuou e, hoje em dia, suspeita-se de que as nações e as empresas famintas pelos recursos minerais da RDC estejam a financiar milícias, mantendo a chama do conflito acesa na região. Depois de se ter apanhado a maior empresa do continente, a Anglo American, com a boca na botija, a subornar senhores da guerra da parte oriental da RDC, o presidente executivo, Bobby Godsell limitou-se a declarar que "ninguém está livre de errar[7]", dando a impressão de que o erro deles foi deixarem-se apanhar.

Parece incrível, mas, tal como conta Swagler:

> Em 1996, os EUA patrocinaram uma invasão da RDC, do Uganda e do Ruanda, baseada em mapas de satélite, proporcionados pela Bechel Corp de São Francisco. Com esses mapas, cerca de 800 mil refugiados hutu foram caçados e assassinados nas regiões florestais do oriente do país. Alguns refugiados morreram logo nas mãos das Forças Especiais dos EUA e de mercenários privados da empresa do Virginia, Military Professional Resources Inc., implantada na base militar dos EUA no Uganda [...] Em 2006, Keith Harmon Snow relatou que saíam diariamente do país remessas de cobalto (utilizado especialmente na produção de motores a jato) no valor de $6 milhões, com destino a contas bancárias norte-americanas e europeias. Só o valor anual dessa extração de cobalto é superior ao orçamento federal da RDC[8].

Robert Block, do *Wall Street Journal*, afirma que a Bechtel facilitou generosamente "os dados mineralógicos e geográficos mais completos do ex-Zaire alguma vez reunidos – informação que vale uma fortuna para qualquer empresa mineira ou petrolífera[9]". Com efeito, a empresa é tão conhecida no domínio da engenharia e da construção como na prestação de serviços secretos e fornecimento de dados ao governo americano. De entre quem mais lucra destacam-se George Schultz (ex-presidente da Bechtel e secretário de estado de Reagan) e Steve Bechtel (oficial de ligação entre a CIA e o Conselho

19

de Gestão).

Um relatório intitulado "O negócio da guerra da República Democrática do Congo: quem beneficia?[10]" demonstra que os empresários ocidentais acorreram a Kabila durante o que ficou conhecido como a "Primeira Guerra Mundial Africana". Segundo a investigadora do World Policy Institute, Dena Montague:

> O Fundo Monetário Internacional (FMI) e
> o Banco Mundial contribuíram
> deliberadamente para o esforço de guerra.
> As instituições de crédito internacionais
> elogiaram o Ruanda e o Uganda por
> aumentarem os seus produtos internos
> brutos (PIB), com os lucros da extração
> mineira ilegal dos recursos da RDC.
> Embora estivessem cientes de que o
> aumento do PIB coincidia com a guerra na
> RDC e derivava das exportações de
> recursos naturais que nenhum dos dois
> países produzia naturalmente, o FMI e o
> Banco Mundial proclamaram-nos casos de
> sucesso económico[11].

Block divulgou que um executivo de entre todos obteve um cargo importante como conselheiro e companhia de viagem de Kabila: Robert Stuart da Bechtel. Nada disso contradiz o lema corporativo da própria Bechtel, tal como disse Steve Bechtel, "Não estamos no negócio da construção e da engenharia. Estamos no negócio de fazer dinheiro[12]." As empresas poderão perguntar-se se poderá existir melhor destino do que a RDC, outrora descrita pelos "descobridores" coloniais da África, como o "escândalo geológico".

As riquezas da África Ocidental

As milícias ativas na RDC não se coíbem de alistar crianças nas suas fileiras como soldados e escravos. O mesmo padrão evidenciou-se na sangrenta guerra civil da Serra Leoa. O apelo dos diamantes, esse carbono resplandecente, levou homens a alistar garotos em milícias, armando-os com AK47 e catanas, incentivando-os a esquartejar pessoas, como quem corta cana de açúcar para abrir caminho. Estive lá recentemente, para verificar o que significava a paz em pleno clima de exploração mineral e, a caminho, passei pelo Mali e a Guiné.

A estrada para Morila, na região de Sikaso, no Mali, não é para brincadeiras. Fiz essa viagem de sete horas com amigos, quando estava no Conselho Consultivo da África Ocidental do Global Greengrants Fund. Quem nos guiava era Dembele Souleymane da Friends Of the Earth Mali. Tínhamo-nos reunido em Bamako e decidido ir para sul, para ver o que se estava a passar nas comunidades mineiras. Cerca de dois anos antes, tínhamos estado em Bamako e ido à comunidade de Tombola, na fronteira com a Guiné. Nessa ocasião, tomei a liberdade de atravessar uma estranha ponte por cima de um pequeno rio e entrei na Guiné sem passar por qualquer tipo de controlo fronteiriço. Em Tombola, quase toda a gente tem o apelido Kamara.

O caminho para Tombola foi memorável, devido às formações rochosas pitorescas que ladeiam a autoestrada. Foi muito interessante parar no local onde se diz que o rei do império Mali, Sundiata, esteve. A extração mineira no eixo de Tombola era sobretudo artesanal – os habitantes locais faziam buracos numa vasta extensão de terreno, à procura de pepitas de ouro que muito alegravam quem as encontrava. Era uma comunidade animada, onde comemos caril com arroz em grandes bacias e onde, ao jantar, comemos frangos que nos tinham mostrado vivos, uma hora antes. Na tentativa de compreender o tipo de extração mineira que aí se praticava, quisemos saber porque estavam tantos jovens nas escavações e não na escola. Responderam-nos que o sonho daquelas crianças, meninos e meninas, era descobrir ouro e ganhar o suficiente para pagar a educação básica ou um dote decente quando fosse altura de casar. Esperança.

Essa esperança levou a comunidade a fazer perigosas escavações que abandonavam ao longo de uma vasta área e que eram um perigo para as pessoas e para os animais. Cada poço tinha cerca de 90cm de diâmetro e até 800cm de profundidade – verdadeiros abismos de destruição sem sinalização ou barreiras de proteção.

Antes de continuarmos para Morila, reunimo-nos com representantes de cerca de 40 comunidades vizinhas e partilhámos experiências com eles acerca dos desafios de viver à sombra da riqueza. Um dos desafio da zona era uma fuga de cianeto para o meio natural e, provavelmente, para um dos corpos de água de cuja água potável dependem várias comunidades. Chegámos a Morila à noite e disseram-nos que podíamos ficar na casa de hóspedes do *mayor*, mas que, antes, tínhamos de o visitar. O *mayor* era um homem afável que vivia numa humilde casa de tijolo, com um teto de metal corroído. Não nos recebeu aí. Recebeu-nos numa casa mais

21

tradicional de colmo aberta, em que tínhamos literalmente de nos curvar para entrar. Seria porventura uma forma de nos fazer prestar-lhe obediência?

Depois da habitual conversa de circunstância, procurámos saber se alguma parte das receitas das minas de ouro chegava às comunidades. Soubemos que uma grossa fatia era controlada pelo gabinete do *mayor* e utilizada, sobretudo, na administração do distrito. A aldeia não tinha eletricidade e o *mayor* tinha de utilizar um gerador elétrico privado. A empresa mineira instalou um ponto de luz na praça da aldeia, onde se localizavam o gabinete e a casa de hóspedes do *mayor*. Quando chegámos à referida praça, já estava escuro e só se via o poste de luz com ligação ao campo de extração mineira. Sob essa luz, alguns garotos jogavam futebol com tanta satisfação que facilmente percebemos porque é que o Mali é uma nação tão boa no futebol.

Morila é conhecida como a segunda maior comunidade de extração mineira no Mali, a seguir a Sadiola. É aí que fica a sede da RandGold, uma empresa que se dizia ter sido palco de muitos confrontos entre os trabalhadores mineiros e, também, numa ocasião, com a população local. Em 2005, a empresa despediu mais de 200 trabalhadores por alegadamente terem "incentivado" o pessoal a exigir aumentos salariais.

A aldeia a que pertence a terra onde fica a mina de ouro está agora à sombra da pilha crescente de resíduos do minério de ouro, ou seja, de escória. Trata-se de um pequeno agrupamento de casas com um centro de saúde que os habitantes locais afirmam assistir sobretudo os trabalhadores mais jovens da mina. O sinal visível de que essa aldeia fica mesmo perto da mina é a pesada capa de poeira que a cobre. Quando a RandGold chegou, as pessoas tinham a esperança de aí arranjar emprego. Inicialmente, a empresa contratou alguns aldeões a título precário, para limpar o mato e viabilizar os trabalhos da concessão. Pouco depois dessas limpezas, contudo, as portas fecharam-se aos habitantes locais.

Quando perguntámos ao *mayor* porque não exigiam melhores padrões ambientais e compensações económicas à empresa de ouro, ele deu-nos uma resposta bastante reveladora: quem pode lutar contra uma grande empresa mineira? Mas, tal como veremos, há quem o faça.

De acordo com o que se percebe em Morila ou Tombola, a resistência em Kono assenta em bases trémulas. Cidade devastada pela guerra e situada no distrito de Kono, na Serra Leoa, a cidade de Kono é conhecida pelas suas minas de diamantes. Com efeito, nessa região, quase toda a gente sonha em tropeçar numa dessas pedras. Durante a guerra civil da Serra Leoa, Kono ficou sobretudo nas mãos dos rebeldes e sofreu danos graves. Quando lá fui, a 10 de novembro de 2009, no aniversário do assassinato de Ken Saro-Wiwa da Nigéria, não deixei de me perguntar quando é que surgiria aí uma força de resistência não violenta. Se é que alguma vez surgiria alguma.

A viagem de carro de Freetown para Kono fez-se bem até chegarmos a um ponto onde a estrada, tal como a conhecemos, acabou. O percurso daí até Kono demoraria cerca de 90 minutos, mas, agora, leva quatro horas, e isso, se não nos importarmos de passar por cima de verdadeiras crateras. O trânsito é expressivamente escasso, vendo-se um ou outro veículo de todo-o-terreno ou carros de cinco lugares, com dez ou mais pessoas lá dentro.

A vegetação é abundante e os montes são muito bonitos. Não admira que tanta gente diga que o distrito de Kono é a região cerealífera da Serra Leoa. Se ainda for, então, deve ser complicado levar os cereais ou o que seja para outras regiões necessitadas. Agitado, sacudido, atirado e balançado em todas as direções durante a viagem, achei melhor arranjar uma distração. Não tardei a reparar na vida selvagem que atravessava a estrada ou corria pelas bermas. Num curto espaço de tempo, contei quatro esquilos gordos a saltitar para onde quer que os esquilos saltam. Vi três pintadas e cinco corvos e um bando de corvos tão numeroso que seria impossível contá-los. Nos solavancos do percurso de volta, continuei a prestar atenção à vida selvagem. Vimos esquilos, um armadilho, corvos, uma ratazana gigante e, depois, um bando de pintadas a caminhar majestosamente pela estrada fora.

Em 1930, o cenário mudou, para Kono, quando se descobriu o primeiro diamante no rio Gbobora. Desde então que as atividades ligadas aos diamantes têm dominado a vida socioeconómica e a subsistência das populações do distrito.

As cicatrizes da guerra são visíveis nas muitas casas sem teto. A degradação da terra, a poluição das águas e outros problemas ambientais proporcionam alegadamente tema de conversa, entre burocratas e políticos. Outrora zona cerealífera, Kono passou a caracterizar-se por uma produção agrícola reduzida, porque muitos cidadãos abandonaram as quintas para se dedicarem à extração mineira. Consequentemente, há inúmeros poços mineiros a céu aberto, campos de diamantes degradados – alguns dos quais dez vezes maiores do que um campo de futebol – e lagos de água

23

contaminada cheios de mosquitos. Segundo um relatório: "Da cidade de Sewafe, ao coração da cidade de Koidu e para além dela, temos uma grande quantidade de marcas de decrepitude ambiental. A extração mineira é aluvial em Kimberlito, mecanizada e não-mecanizada, e visível, à frente e atrás das habitações, nos jardins, nas quintas, nos caminhos, nos cursos de água e rios, nas montanhas e nos vales e nas estradas[13]." A cidade de Yengema já foi considerada a mais bela do distrito de Kono. Em vez de lhe intensificarem essa beleza, os diamantes deixaram-lhe a paisagem desgastada e uma mera sombra do que já foi.

Por mais incrível que possa parecer, os mineiros deitaram abaixo pontes e casas e, muito embora os residentes tivessem expressado a sua consternação, nenhum tem coragem para lhes dar voz, porque são os políticos de instância superior que estão por detrás dessas atividades extrativas destruidoras. Diz-se também que a exploração mineira desenfreadamente praticada na cidade de Yengema só é possível devido à aquiescência do capataz e do fiscal das minas que se terão recusado a denunciar os perpetradores. Um membro da Friends of the Earth Sierra Leone que me acompanhava na viagem a Koidu, Diana T. G. Kamara, crescera aí e disse-me que, quando era pequena, os mineiros podiam ir à casa das pessoas, avisá-las de que suspeitavam da existência de pepitas de diamantes debaixo da sala de estar. Depois de chegarem a um acordo, começavam a escavar e, por vezes, chegavam mesmo a encontrar diamantes. Se era lenda ou não, não precisava de confirmar; demonstrava que a extração mineira municipal permitia aos mineiros afastar as pessoas das próprias mesas onde comiam, escavar debaixo das camas delas e desenterrar túmulos suspeitos de estarem em cima de uma pedrita errante e mais preciosa do que ossadas.

A União dos Descendentes de Yengema (YENDA) condenou a extração mineira danosa que se praticava na cidade. O grupo denuncia a ilegalidade dos trabalhos, por infringirem a lei que proíbe a extração mineira em zonas residenciais. Várias casas da Yenkee Street de Yengema sofreram danos; uma mesquita que foi reabilitada graças a um fundo de manutenção da paz da ONU ameaça ruir, devido à extração de diamantes[14].

As empresas mineiras não são nada amistosas. O segurança das zonas concessionadas da Koidu Holdings recusou a entrada para se verificarem as atividades mineiras, sob pretexto de que só os manda-chuvas da empresa poderiam autorizar o acesso. Não será de admirar, pois o mais certo é terem pilhas de diamantes debaixo das secretárias. Mas será que enviam as pedras preciosas para os portos, pela horrenda rede de estradas que liga Kono a qualquer outro lugar?

O meu amigo Michael Aruna, residente em Kono, recebeu-nos e levou-nos a visitar alguns pontos de extração mineira artesanal da cidade. Os mineiros que encontrámos eram muito otimistas, afirmando que a perseverança compensa. Apesar não terem encontrado pedras substanciais na semana anterior, nenhum queria desistir. Um deles contou-nos que tinha deixado um negócio lucrativo de carpintaria, por ter lesionado um braço. Agora, procurava diamantes, utilizando esse mesmo braço com destreza. Dir-se-ia que não tinha quaisquer lesões.

Aruna conta histórias bem ilustrativas de como a extração mineira captou a psique das pessoas na cidade. Contou-me várias sobre a resistência na zona e que a Koidu Holdings marcou a demolição de diversas casas para poder extrair diamantes nesses terrenos. As comunidades afetadas terão de ser relocalizadas, mas ainda se fez nesse sentido. Há uma história acerca de um ativista da comunidade a quem ofereceram dez milhões de leones (cerca de $2670 ou €1945,65) para se mudar. O homem rejeitou o dinheiro e insistiu em que lhe dessem uma casa igualzinha à que tinha construído para ele. Alguns meses depois, deram-lhe uma casa com um só quarto – claramente inadequada para a sua família alargada e nada que se pudesse comparar com a casa que lhe iam demolir. Ao rejeitar essa oferta, foi expulso da cidade e viu-se obrigado a ocupar ilegalmente terra em Freetown, como refugiado da extração mineira.

A Koidu Holdings é uma empresa mineira da África do Sul, montada pela empresa mãe, BSG Resources Limited, para extrair diamantes na Serra Leoa. Realizam o projeto Kimberlite na zona de Kono, com um contrato de arrendamento de 25 anos[15]. O Network Movement for Justice and Development (NMJD) previu desde logo os problemas que acarretaria o Projeto Kimberlite Koidu. A trabalhar no âmbito da Iniciativa da Transparência das Indústrias Extrativas, a NMJD exigiu saber se o Projeto Kimberlite Koidu levado a cabo pela Koidu Holdings estava acima da lei. Numa declaração, queixaram-se de que a empresa enviou cópias da avaliação de impacto ambiental que realizou ao Banco Mundial, em outubro de 2003, mas só divulgou esses documentos na Serra Leoa nos finais de janeiro de 2004. Perguntavam abertamente se o Banco Mundial passara a ser o principal interessado na zona, em detrimento da população da Serra Leoa. Aliás, a NMJD afirmava que mesmo quando se dizia que os documentos estavam disponíveis, ninguém os encontra. Segue-se um excerto interessante do comunicado de imprensa:

Na terça-feira, 3 de fevereiro de 2004, a
Peace Diamond Alliance (PDA) organizou
uma reunião dos seus executivos em que
participaram o ministro adjunto das minas,
o diretor adjunto das minas, o SDO-Kono,
deputados, chefes e o pessoal da Koidu
Holdings Limited (KHL), para resolver os
problemas e preocupações levantados.
Apesar do clamor do público e dos esforços
da PDA, nada foi feito para abordar as
questões. Em vez disso, Sua Excelência, o
Presidente, foi a Kono uns dias depois da
reunião organizada pela PDA, elogiar a
KHL [por] "um trabalho bem feito" e
instando a população de Kono a colaborar
com a Koidu Holdings Limited. Seguiu-se
um programa de televisão, apresentando os
diamantes com mais de 10000 quilates que
a KHL já extraíra, no meio dos gritos, da
aflição e do sofrimento da população local.
Apesar disso, a Campaign for Just Mining e
a sociedade civil deste país não se deixarão
intimidar, porque têm o direito de exercer
os seus direitos constitucionais,
nomeadamente, "fazer contributos
positivos e úteis para o avanço, o progresso
e o bem-estar da comunidade" secção 3(f)
da Constituição de 1991[16].

Em resposta a essa declaração, a Koidu Holdings negou ter
cometido quaisquer incorreções, no que respeitava ao processo da
avaliação do impacto ambiental. Ao mesmo tempo, punham em
causa o direito da NMJD de se pronunciar em nome das
comunidades afetadas[17]. Tal como a empresa enviara os relatórios da
avaliação do impacto ambiental ao Banco Mundial, a resposta ao
comunicado de imprensa e as campanhas da NMJD não foram
enviados para as ONG e sim para a Agência de Garantia de
Investimento Multilateral do Banco Mundial. Não se podem negar as
fortes ligações entre as empresas mineiras e as instituições financeiras
internacionais.

Não se sabe bem que quota parte dos lucros da Koidu Holdings –

incorporada em setembro de 2013 (ou será 2003?) e detida pela BSGR Diamonds Limited[18] – vai para o estado da Serra Leoa. Quando a extração mineira comercial dos diamantes começou, os monopólios para o minério de ferro e os diamantes eram detidos por duas empresas estrangeiras, a Sierra Leone Development Corporation (DELCO) e a Sierra Leone Selection Trust (SLST), que só tiveram de pagar ao governo uns meros 5% dos lucros que eventualmente fizessem. Ambas tinham contratos de 90 anos.

A ascensão dos diamantes a grande fonte de receitas na Serra Leoa segue a mesma trajetória já observada noutras nações africanas. Até 1931, os minérios perfaziam menos de 5% das exportações internas. Essa percentagem subiu dramaticamente para os 43% em 1950 e para os 86,7%, em 1961. Nessa época, os diamantes perfaziam 60% das exportações de minérios e 43% do total das exportações[19]. A par da crescente primazia da extração mineira, a agricultura sofria um declínio proporcional. Um dos grandes produtos de base do país é o arroz e, antes de a extração mineira ter expulsado os agricultores das suas terras, o país era auto-suficiente em arroz. As vagas de escassez do arroz provocaram diversos tumultos em 1955-56, precipitados por uma corrida aos diamantes, em que se trocavam enxadas por peneiras.

As teias de resistência continuam a expandir-se. Apesar de parecerem ténues, são resistentes com as das aranhas. É a memória da inocência perdida da comunidade que as cria e as consolida. A alteração irreconhecível do nosso ambiente suscita muitas questões.

Embora os valores básicos e o tecido ético sejam iguais para toda a humanidade, reconhecemos que nos atacaram os valores nacionais e o sentido de ética ao nível pessoal, comunitário, estatal e nacional. A conclusão lógica é que esta questão carece de uma análise radical e holística. Com os líderes presentes aos tribunais e com as comissões para apuramento da verdade e todos os tipos de sondagens levados a cabo por toda a África, podemos constatar a que ponto se distorceu a noção do bem e do mal. Torna-se evidente que não podemos curar este cancro com analgésicos – precisamos de uma cirurgia radical.

A conversão dos bens públicos em propriedade privada pela privatização do ambiente natural que, de outra forma, é de todos nós, é uma forma das instituições neoliberais poderem remover os frágeis elos que unem as nações africanas. A política atual foi reduzida a um negócio lucrativo cujo objetivo é procurar receitas dos investimentos e não formas de contribuir para a reconstituição de ambientes, comunidades e nações altamente degradados. É um dos benefícios que os programas de ajustamento estrutural infligiram ao continente – a coroação da corrupção.

As maldições dos minérios e do petróleo

Após séculos de saque, o continente continua a ter uma abundante riqueza mineral – e daí o seu poder de atração sobre os fura-vidas. É nas entranhas do continente que se encontram 75% do grupo de metais platinados (cobalto, crómio, etc.), 50% do ouro, 45-50% dos diamantes, 25-30% da bauxite, 10% do níquel e do cobre, 12% do urânio, 7% do manganésio e 5,8% (não quiseste dizer 5-8%?) do tântalo (coltan). Há coltan na RDC, na Nigéria, na Etiópia e na Zâmbia[20].

Nos finais de 2006, o Gana era um dos dez principais produtores de ouro do mundo, com 69,8 toneladas e a Zâmbia tinha o mesmo estatuto entre os produtores de cobre, com 516 toneladas do metal. A África do Sul encontrava-se entre os dez principais produtores de níquel e alumínio, com 41,6 toneladas do primeiro e 887 toneladas do segundo. A África do Sul era o maior produtor de platina (164,5 toneladas) e o segundo maior produtor de paládio (90,4 toneladas)[21].

A África não terá mais de 10% das reservas petrolíferas comprovadas do mundo, mas não é por isso que deixa de ser alvo do desejo das nações sorvedouras de petróleo do Hemisfério Norte, nomeadamente os Estados Unidos e, cada vez mais, a China. O continente está a ser invadido por um número crescente de plataformas petrolíferas, petroleiros e unidades flutuantes de produção, armazenamento e transferência (FPSO). Por exemplo, há a FPSO de 114 mil toneladas que se prevê entrar em serviço ativo em 2012, no campo Usan da Elf, em águas com quase 1km de profundidade e 100km ao largo da costa, a sudeste da Ilha Bonny da Nigéria. Essa FPSO destina-se a armazenar dois milhões de barris de crude, com uma capacidade de produção de 160 mil barris de petróleo e cinco milhões de metros cúbicos de gás por dia[22].

Com as descobertas prodigiosas que se vão fazendo por toda a África, os investidores dão voltas e reviravoltas para fazerem negócio. Registou-se uma inicial em 2009, ao largo da costa do Congo, quando a primeira embarcação de unidade flutuante de produção, armazenamento e transferência (FDPSO) entrou em atividade. A FDPSO é única, porque incrementa as FPSO normais: faz perfuração de poços de produção. A unidade de perfuração é concebida de forma a poder ser destacada quando os trabalhos terminam num determinado local e levados para outro. Ancorada a uma profundidade de 1400m, esta FDPSO tem uma capacidade de armazenagem de 1,4 milhões de barris de petróleo, de processamento de 60 mil barris de combustível e de 40 mil barris de petróleo por dia[23].

No seu livro, *Untapped – The Scramble for Africa's Oil*, John Ghazvinian apresenta algumas razões[24] para explicar porque é que o petróleo crude africano é tão atrativo. É uma localização geográfica mais favorável do que outros locais de extração – muitas das novas descobertas são feitas em águas profundas ou muito profundas, ao largo da costa e longe do olhar inquisitivo das comunidades. Outro grande chamariz é o facto de muito do crude encontrado no continente ser de variedade considerada doce ou leve. É mais fácil de refinar do que o chamado crude pesado. É doce, por ter baixo teor de enxofre e ser viscoso. O refinamento é fácil e o lucro é superior ao do crude pesado. Apesar de lhe chamarem doce, é tudo menos doce, no que toca aos efeitos que produz sobre as comunidades onde o extraem.

Ghazvinian apresenta mais duas razões para explicar a maldição dos recursos africanos: primeiro, o ambiente contratual que permite que as empresas petrolíferas possam lucrar a valer. Muitos países africanos aceitam acordos de partilha de produção em que as empresas investem nas atividades de exploração e extração, recuperam as despesas e, depois, partilham os lucros com os países. Esses acordos permitem que as nações pobres tenham acesso a uma parte da riqueza petrolífera que têm debaixo dos pés. Nesse ambiente contratual, as empresas petrolíferas declaram o petróleo a ser extraído e aquilo que constitui os custos da produção. Estes incluem geralmente os palitos que os trabalhadores utilizam nas cafetarias.

Antes da sua fratura, em julho de 2011, o Sudão, por si só, proveu cerca de 10% da necessidade de crude da China. Assim, enquanto a nação ardia e se cometiam atrocidades em Darfur, Abyei e outras zonas, não se podia mencionar qualquer resolução no Conselho das Nações Unidas, sem que a China ameaçasse exercer o seu poder de veto. Nessa relação, o petróleo é mais importante do que o sangue.

Surgem novos estados petrolíferos por todo o Vale do Rift, da África Oriental. O Uganda já sucumbiu a essa febre do petróleo e as esperanças são muitas – mas quanto maior for a subida, tanto maior será a queda das esperanças. À medida que se vão fazendo mais descobertas, os países anteriormente ignorados passam a estar na ribalta.

Tomemos o exemplo de São Tomé e Príncipe, uma ilha-estado e a segunda menor nação africana. A população desse país é de menos de 200 mil habitantes. Pensa-se que a ilha terá começado a ser habitada em 1470, com a chegada dos viajantes portugueses que traziam africanos do continente. Os Portugueses governaram São Tomé e Príncipe até 1975, ano em que acabaram por ceder à pressão e à resistência popular dos cidadãos, aquando do derrube da ditadura portuguesa e da independência de outras colónias. As infraestruturas da educação e não só mantiveram-se pobres, com a instabilidade política que aí se vive há anos.

Antes do petróleo, o país dependia sobretudo da agricultura, incluindo as pescas, e da ajuda externa. Ghazvinian descreve a cultura política da ilha como "política de apertos de mão" e nepotismo[25]. O país sofreu 14 mudanças de governo, desde 1991, e espera-se que a produção de petróleo não acelere a velocidade desse verdadeiro carrossel. Embora as atividades de exploração petrolífera só tenham começado a sério na década de 70 do século XX, só em 1995 é que se anunciou que a Exxon Mobil fizera uma grande descoberta no campo de Zafiro, entre o país e a Guiné Equatorial. Empresa de tratamento ambiental do Texas, a Environmental Remediation Holding Company (ERHC) entrou em cena em 1997, oferecendo ao governo a quantia de $5 milhões, pelo direito a atuar como intermediária nas negociações de licenças relativas à indústria petrolífera, em nome do governo. Em 1996, a ERHC transformou-se numa empresa de exploração petrolífera, ainda que as investigações tenham revelado que só tinha um funcionário, não possuía equipamento de perfuração e só detinha uma liquidez de um $1500000.

Quando a ERHC teve problemas com o governo, a resolução do conflito levou a que as suas ações passassem para as mãos da Chrome Energy, uma empresa nigeriana, com profundas ligações e influência políticas em ambas as margens. Os acordos ERHC/Chrome Energy com o governo de São Tomé e Príncipe trouxeram muitos privilégios à empresa, incluindo 15% de participação em até quatro blocos de petróleo e 10% dos lucros que o país pudesse vir a retirar do petróleo. Esse acordo neocolonial também fez da resolução da disputa sobre as fronteiras marítimas com a Nigéria, condição *sine qua non* para a tomada de posse, dando origem à Zona de Desenvolvimento Conjunto, entre os dois países, como principal ponto de concentração de petrodólares.

Então e o Gana? Em julho de 2009, o presidente Obama fez questão de visitar o Gana, na sua primeira ida à África, depois de ter sido eleito presidente dos Estados Unidos. Embora a escolha se tenha ostensivamente apoiado nas credenciais democráticas do Gana, onde, nas eleições presidenciais mais recentes e bastante contestadas, a oposição ganhou, alguns analistas não rejeitam a possibilidade de o apelo africano ser mais uma vez as novas descobertas de petróleo, em terra e no mar. Obama parecia ser um visitante empático no solo africano, visando mostrar a importância do Golfo da Guiné para a segurança energética de Washington. Com o estabelecimento do Comando Africano em outubro de 2008, ninguém tem dúvidas de que os EUA querem manter os canais de fornecimento de energia abertos, a todo o custo.

A descoberta de petróleo ao largo do Gana − a maior da última década nessa região − chama-se Jubilee Fields. O sonho de um afluxo de petrodólares já atrai toda uma série de especuladores empresários ao país. Mas Jubilee Fields que se prevê vir a deter 1,2 mil milhões de barris de petróleo, pertence firmemente ao campo da texana Kosmos Energy. Tal como explica Emira Woods, do Institute for Policy Studies:

> Em maio de 2009, a Kosmos começou a
> lançar ofertas de ações da sua participação
> nos campos ricos em petróleo. Os atores da
> energia global − a Chevron Corp, a Exxon
> Mobil, a Royal Dutch Shell, a China
> National Offshore Oil Company e a
> Bristish Petroleum − com os olhos postos na
> África e uma história sangrenta no
> continente, começam a sobrevoar, como
> abutres. Afinal, o prazo para as Ofertas das
> Kosmos Energy é até 17 de julho, uma
> semana depois da visita de Obama ao
> Gana[26].

E as jurisdições opacas e sigilosas que parecem tão normais na África (também conhecidas como paraísos fiscais) permaneceram centrais para os negócios escusos em torno dos recursos africanos.

A *London Review of Books* afirma o seguinte, num curto artigo do seu blog:

> A *Kwame Nkrumah* MV 21, a Unidade
> Flutuante de Produção, Armazenamento e
> Transferência que será utilizada na
> exploração do petróleo da costa do Gana
> na primeira fase de desenvolvimento é
> detida pela Jubilee Ghana MV 21 BV, uma

empresa com finalidade específica, estabelecida nos Países Baixos. Os Países Baixos acolhem mais de vinte mil «empresas de caixa de correio» (das quais 43% têm uma empresa mãe em jurisdições sigilosas, tais como as Ilhas Caimão, as Ilhas Virgens Britânicas, as Antilhas Holandesas ou Chipre). Especializa-se como "ponto de passagem" dos fluxos financeiros, entre os quais, "pagamentos de dividendos, direitos e juros", através de "instituições financeiras especiais". O Banco Central holandês define Fundos de Investimento Estatal circunscritos para fins específicos como "subsidiárias de empresas mãe utilizadas para canalizar capital pelo nosso país, sem produzir grande impacto na economia holandesa". Os Países Baixos não dão pormenores sobre consórcios nos registos públicos, nem exigem que as contas das empresas ou os beneficiários sejam disponibilizados para registo público[27].

A história das recentes privatizações no setor mineiro ilustraram bem a persistente exploração dos recursos africanos. Com os(antes colocaste "as". Decida se fica "as" ou "os") PAE do Banco Mundial e do FMI a varrerem o continente africano nos anos 80 e 90, a liderança ganesa apressou-se a liberalizar a economia. Essas políticas exerceram um efeito devastador sobre a agricultura. O setor mineiro registou um aumento da produtividade, mas as comunidades em cujo solo se levaram a cabo as atividades não ganharam nada. Observaremos a empresa comercial mineira no Gana, a Ashanti Goldfields Company (AGC) – agora AngloGold Ashanti – e de que modo as suas reformas lhe afetaram as operações.

A história da AGC começou em 1897 e desde então que tem desempenhado um papel fundamental no setor da exploração mineira de ouro. Dos anos 70 aos anos 80, o ouro perfazia 80% das receitas da exportação do sector mineiro. Em 1994, o subsector do ouro trouxe ao país uma gorda fatia de 45% das receitas totais de exportação, bem à frente do cacau que trouxe 25% do total das receitas de exportação. Em 1997, os rendimentos provenientes do ouro ascenderam a 94,5% do total das receitas das exportações de minérios, com os diamantes, a bauxite e o manganésio a equilibrar a balança[28].

A privatização do sector mineiro do Gana foi antecedida de um programa especificamente dirigido ao setor, incluindo uma Lei relativa aos Minerais e à Extração Mineira, em 1986, "que proporciona as condições exigidas pelas empresas mineiras multinacionais para participarem no setor mineiro do país[29]". A lei que, desde então, já sofreu algumas revisões, forneceu incentivos generosos à indústria e reduziu os riscos incorridos pelos investidores. O programa de reforma incluía a redução dos interesses do governo na AGC, de 55% para 19% em 1998. À medida que o setor foi sendo desregulamentado, foram entrando mais investimentos estrangeiros diretos, chegando aos $4 mil milhões, entre 1983 e 1998. Um dos resultados foi a quadruplicação da produção do setor, entre 1990 e 2002.

Embora a extração mineira traga uma boa fatia das receitas de exportação, o setor não tem nenhuma ligação comensurável com a economia interna uma vez que, por natureza, funciona como uma indústria enclave com generosos créditos fiscais por investimento. Para sublinhar o impacto mínimo do setor mineiro sobre a economia interna, há que notar que a extração mineira contribuiu com uns meros 2% a 5% para o PIB nacional desde a independência, enquanto os contributos do setor agrícola chegaram aos 36%. O emprego na extração mineira representa 5% da taxa de emprego formal do país e os salários poderão parecer mais elevados do que noutros setores sobretudo devido aos salários elevados auferidos pelo pessoal expatriado[30].

Houve tempos em que a AGC era a única empresa transnacional de substância da África Subsariana, com tentáculos no Burquina Faso, na Costa do Marfim, na República Democrática do Congo, na Etiópia, na Guiné, no Mali, no Senegal, na Tanzânia e no Zimbabué. Após ter sido adquirida pela Anglo American, a AshantiGold transferiu a sede para Joanesburgo, na África do Sul, pois as autoridades sul-africanas liberalizaram as relações de investimento em 1999, no âmbito de um PAE criado no próprio país. É digno de nota o fato de desde a introdução dos PAE na África, pelo menos 40 países africanos terem alterado os códigos dos investimentos do sector dos recursos, para atrair o investimento estrangeiro[31]. Essa rápida adesão conseguiu-se principalmente porque se condicionou a concessão de créditos à revisão dos códigos de investimento.

Não podemos deixar as barras de ouro do Gana sem observarmos Obuasi, a cidade que acolheu a AGC durante mais de 100 anos.

T.M. Akabzaa descreve as comunidades em que se praticava a extração mineira a céu-aberto como locais com espessas nuvens de poeira a pairar no ar. Mas as minas de Obusasi estão bem escondidas sob a cidade e os sinais exteriores que a denunciam são os montes de escória que enchem a paisagem. Akabzaa descreve Obuasi da seguinte forma:

> Os poços e as dunas de detritos das minas são efetivamente uma pequena medida da quantidade de riqueza extraída do subsolo daquela zona nos últimos 107 anos […] Com efeito, a cidade de Obuasi inteira assenta numa placa que também funciona como telhado dessas enormes aberturas subterrâneas. Estas acomodam uma série de bulldozers, carregadores, compressores e camiões de descarga […] as modernas instalações de acomodação da administração e do pessoal de quadro médio da empresa mineira empoleiradas nos cumes de alguns destes montes dificilmente passam despercebidas. Esses belos edifícios fazem um duro contraste com as estruturas decrépitas das zonas baixas da cidade, onde ficam os negócios periféricos. Outra caraterística marcante da cidade é o contraste da sua infraestrutura rodoviária. Todas as estradas alcatroadas vão dar a instalações da AGC, como, por exemplo, o hospital da empresa, o posto dos correios e o serviço prisional nos limites circundantes da mina. As estradas de terra batida e esburacadas da cidade, por sua vez, conduzem a instalações do setor, como, por exemplo, o hospital público, o gabinete da assembleia distrital, zonas residenciais privadas e comunidades-satélite locais[32].

Este texto foi escrito em 2007. Quando visitei Obuasi e as aldeias circundantes, em outubro de 2009, com Abdulai Darimani, da Third-World Network-Africa e outros amigos, essa situação já tinha degenerado. O que não é surpreendente. As cidades mineiras do Sul tendem a passar por épocas altas, para, depois, passarem a ter dificuldades em subsistir, acabando, muitas vezes, por se tornar meras sombras das cidades promissoras de outrora.

Na zona da aldeia de Binsere, a comunidade sofria problemas palpáveis. Tinham lá uma enorme mina a céu-aberto abandonada. Segundo o representante da comunidade, o poço chegava aos 100m de profundidade, num determinado ponto. O edifício de uma escola das cercanias da mina tivera de ser abandonado, porque as explosões da extração de ouro tinham tornado a estrutura demasiado instável. Na época da minha visita, o poço tinha cerca de metade dessa profundidade, porque tinha sido preenchido com detritos cobertos de cianeto das outras minas. Por outras palavras, a AngloGold Ashanti pura e simplesmente transformara aquela zona num aterro e depois de o ter enchido com mais detritos ainda declarou ter recuperado as terras para cultivo.

Apesar de se tratar de um aterro altamente perigoso, alguns mineiros artesanais andavam por lá a escavar o lamaçal tóxico, à procura de ouro. Julgariam eles que a AngloGold Ashanti tinha realmente recuperado aquelas terras, deixando-as seguras? Quando lhes perguntei se ganhavam a vida com aquele jogo arriscado, responderam-me que apenas tentavam a sua sorte, por não terem alternativa. Podiam passar uma semana inteira sem encontrar nada na lama mas, de repente, apanhar algumas gramas para lhes pôr comida na mesa. Saberiam eles que aquela lama tóxica os estava a matar aos poucos? Sabiam. Aquele lamaçal da morte a céu aberto desaguava num lago a cerca de 1km de onde nos encontrávamos, nos contrafortes da mina. Quando me informaram de que tinham melhores condições do que a aldeia ao lado, fiquei desejoso de lá ir.

Para além da disparidade espacial no desenvolvimento da comunidade mineira, a influência das minas na saúde é outro preço inaceitável a pagar, para algumas pessoas poderem ter aquele metal brilhante no dedo ou no dente. A escória e os lamaçais de detritos de Binsere e outras minas da zona de Obuasi, vertem o seu cocktail tóxico para o rio da comunidade de Dokyiwaa. O ambiente − terra e água − está tão poluído que a comunidade teve de ser realojada.

As investigações que a TWN-Africa realizou demonstram que tanto os lençóis freáticos como a água à superfície da zona de Dokyiwaa foram gravemente contaminados, afetando os terrenos agrícolas de produção alimentar − especialmente de fruta. Sou viciado em fruta, mas em Dokyiwaa só podia sacudir a cabeça, ao olhar para a fruta suculenta que pendia dos ramos mais baixos dos complexos e quintais da aldeia. A comunidade denotava muita tensão, porque as pessoas não se sentiam satisfeitas com a perspetiva de terem de abandonar a sua terra e mudar para outra localidade. A AngloGold Ashanti tomou a decisão de realocar a comunidade e deu-lhes três meses para se mudarem[33]. Para além disso, foi a empresa que determinou a soma das indemnizações. Alguns membros da comunidade juravam que não se mudariam dali, porque a indemnização não era suficiente para lhes cobrir os custos da mudança e a sobrevivência. O paradoxo é que ficar para trás implica a morte certa.

Aquela zona apresenta uma incidência de malária superior à média nacional. Doenças como essa foram associadas aos metais pesados da indústria, como cádmio, chumbo, cobre, mercúrio, níquel, zinco e manganésio. Os riscos mais prevalecentes para a saúde são de malária, infeções respiratórias, infeções oculares, infertilidade, hipertensão e afeções sanguíneas.

Não serviria de consolo para a comunidade de Dokyiwaa saber que não são os únicos a sofrer os impactos das minas de ouro na África. Um estudo conduzido em duas minas da Tanzânia revelou níveis de poluição igualmente preocupantes. Os testes realizados pela Universidade de Ciências da Vida da Noruega, juntamente com a Universidade de Dar es Salaam, traçou o mapa das concentrações de vestígios de metal no solo, nos sedimentos e na água das zonas adjacentes à Mina de Ouro de Geita e à Mina de Ouro do Norte de Mara, no noroeste da Tanzânia.

A Mina de Ouro do Norte de Mara (Barrick Gold) situa-se perto da cidade de Tarime, no distrito de Mara, a leste de Lake Victoria. Certa ocasião, os habitantes locais haviam suspeitado da presença de fugas na barragem de escória e receado que a zona estivesse contaminada, mas a Barrick alegava que as pessoas roubavam a cobertura da barragem de escória e destruíam a canalização. Em maio de 2009, ocorreu um derrame considerável.

O estudo académico encontrou níveis elevados de arsénico, cádmio, cobalto, cobre, crómio, níquel e zinco na zona circundante. O ambiente foi gravemente contaminado e, de acordo com o relatório:

> Os teores de arsénico As na amostra de água mais contaminada eram uma a duas ordens de magnitude superiores ao limite máximo estabelecido nas diretrizes para a água potável (10 µg/l) da OMS. A amostra de água mais contaminada continha 8449 µg/l, ou seja, cerca de metade da dose letal

de arsénico para o ser humano. Atualmente,
o limite máximo de teor de As na água
potável estabelecido nas diretrizes da OMS
é de 10 µg/l, mas esse padrão deverá ser
reduzido para os 5 µg/l, num futuro
próximo[34].

As amostras de solo apresentavam níveis elevados de arsénico no local do derrame e níveis superiores ao normal de outros minérios. Não se pode negar que a mina esteja a afetar gravemente o ambiente e a saúde pública no Norte de Mara.

A zona circundante da mina de ouro da AngloGold de Geita também foi analisada. Os cientistas observaram que, embora as amostras acusassem níveis elevados de arsénico e outros metais, estes encaixavam-se nos padrões da OMS para a água potável. Não obstante, encontraram níveis superiores nos sedimentos, provavelmente indicativos de um incidente poluidor não reportado ocorrido no passado. Tanto em Geita como no Norte de Mara[35], várias pessoas apresentavam problemas de pele associados ao envenenamento por arsénico.

A crise económica global e a tendência das empresas mineiras para procurar os regimes fiscais mais liberais representam desafios especiais para os governos e a população da África. Numa tentativa de melhorar as suas infraestruturas, o governo da Zâmbia procurou rever favoravelmente o regime fiscal relativo ao setor mineiro. As medidas tomadas revelavam pressão do estrangeiro, destacando-se a redução de 25% do imposto sobre os ganhos excecionais, introduzido em 2008. Nesse mesmo ano, a indústria mineira esperneou com a introdução de um novo imposto variável sobre os lucros que resultou no aumento dos impostos sobre a extração mineira, de 31% para 47%. Na tentativa de aplacar a indústria mineira, o presidente Rupiah Banda reforçou a sua disponibilidade para "reconquistar as empresas mineiras através do diálogo para resolver quaisquer questões (fiscais) pendentes que pudessem ter surgido[36]". As taxas sofreram novos cortes.

A redução da receita, devida à queda do preço do cobre de 2008, entre outros fatores, impediu Lusaka de investir em programas de educação, saúde e outros sectores sociais. Para além disso, implicou uma redução da produção mineira e uma consequente vaga de despedimentos. Calculava-se que a crise tivesse provocado a perda de dez mil postos de trabalho e a redução da receita fiscal do IRS, de 375 mil milhões de kwachas zambianos em 2007/08, para 8,2 mil milhões de kwachas, em 2009/10. Segundo o Comissário-geral da Autoridade Tributária Zambiana, Chriticles Mwansa, "as receitas provenientes dos direitos sobre a extração mineira caíram de mais de 41 mil milhões de kwacha ($8800000 / €6391170) em agosto de 2008, para $15,2 mil milhões em março de 2009[37]". Sob esse tipo de pressão, os governos podem entrar em desespero. Sessenta e três por cento dos rendimentos das exportações zambianas advêm das minas. No seu todo, embora a Zâmbia esteja a ser promovida como uma história de sucesso na África, devido aos níveis elevados de investimento estrangeiro direcionado para os recursos, a realidade quotidiana dos zambianos vulgares é bastante diferente dessa. É um ciclo que se reproduz por toda a África.

A África perde, no mínimo $148 milhões por ano, o quádruplo da quantia que chega ao continente através da ajuda do estrangeiro e 60% do que se atribui à fuga de capitais devido à distorção de preços dos recursos extraídos do continente pelas empresas. A solução evidente para essa fuga dos recursos seria tapar o buraco, mas a abordagem preferencial tem sido a concessão de mais créditos e subvenções, acompanhados de condicionalismos que prejudicam o desenvolvimento.

A Iniciativa para a Transparência das Indústrias Extrativas (EITI) dá muitos motivos de satisfação às empresas com participações, como a Shell, a Chevron, a Vale, a BHP Billiton e a Anglo American, porque lhes permite afirmar que pagaram muito aos governos, mas que, a partir daí, não fazem ideia do que aconteceu aos fundos. A EITI tende a dar uma boa imagem das empresas de extração mineira, enquanto os governos anfitriões, são sujos e têm de lutar para alcançar o estatuto de conformidade com a EITI. No último trimestre de 2010, já estavam 24 países[38] no circuito da EITI e mais de metade eram africanos. Estão incluídos a Tanzânia, o Gabão, os Camarões, a República Democrática do Congo, o Chade, o Mali, a Mauritânia, a Serra Leoa e o Burquina Faso. É interessante verificar que, até agora, os países conformes são o Níger, a Nigéria e a Libéria.

Na opinião de Khadija Sharife, a lógica da EITI é "desde que se divulguem os pagamentos em dinheiro dentro do território nacional, a transparência funcionará como sanção natural − diminuindo o potencial e a realização de corrupção. É uma lógica que parece apoiar-se na política ou no 'lado da procura' da corrupção, principalmente inerente ao carácter do país em vias de desenvolvimento − com as empresas a 'seguirem' simplesmente o sistema − e uma resposta do género, 'em Roma sê romano'." Sharife diz que "a teoria da EITI é muito diferente da realidade e tem mais que ver com a corrupção corporativa, do lado da oferta, de países de 'primeiro mundo[39]'."

Quando publicou o seu relatório EITI, apresentando os pagamentos recebidos da parte das empresas mineiras para 2008, a Zâmbia tornou-se um dos países mais recentes a fazer tal publicação. É notória a reputação de corrupção de países como a Zâmbia, mas pouca atenção se dá à evasão fiscal das empresas de extração mineira que enche os bolsos aos intermediários dos países com contas bancárias codificadas e retira centenas de milhões de dólares à Zâmbia, todos os anos.

O primeiro relatório EITI – que investigava as receitas remetidas para o estrangeiro em 2008 – revela que o governo recebeu $463 milhões em pagamentos das empresas mineiras[40]. O relatório observa que não encontrou justificação para discrepâncias pendentes no valor de $66 milhões. Nesse mesmo ano, uma boa parte das exportações de cobre da Zâmbia, das quais quase metade se destinava à Suíça, nunca chegaram ao seu destino. Paradoxalmente, referindo-se aos dados sobre o cobre da Zâmbia no mesmo ano, a Task Force de Ação Financeira (FATF), afirma:

> As investigações conduzidas pela Christian Aid (p.23), demonstram que metade das exportações de cobre do país, em 2008, foram marcadas na alfândega com destino à Suíça. Se a Zâmbia tivesse recebido os preços de exportação cobrados à Suíça, o PIB teria sido mais próximo dos $25 mil milhões do que dos $14 mil milhões que se registaram. Nesse mesmo ano o Banco Mundial regista um PIB *per capita* de $1140, mas os dados mais recentes (2004), mostram que quase dois terços da população vivem com menos de $1,25 por dia[41].

Na África, o setor extrator conseguiu fazer-se passar pela resposta aos problemas económicos do continente. Segundo Sharife, porém, para um país como a Zâmbia as empresas de extração

> geram apenas 2,2% das receitas coletadas pelas autoridades zambianas, com uma maior percentagem de impostos

provenientes da retenção na fonte feita aos trabalhadores. Isso, graças a um eficiente produto fiscal especializado chamado Contribuição Fiscal Total, criado pela firma de auditoria Price Waterhouse Coopers que ajuda as empresas a evitar a tributação. O governo zambiano reconheceu que o país não embolsou nada com o *boom* dos produtos de base de 2004-2008, quando os preços do cobre mais do que triplicaram. Mas as empresas como a MCM não têm de pagar as novas taxas de direitos de extração de 3% – porque as cláusulas a 20 anos dos acordos secretos de desenvolvimento feitos pouco depois da privatização conferem à empresa o que será provavelmente a taxa de direitos de extração mais baixa do mundo, de 0,6%. Esse acordo permanecerá em vigor até 2020. Pior ainda, se não tivesse havido uma fuga de informação acerca desses acordos, nunca teríamos descoberto que as taxas de tributação empresarial eram efetivamente nulas, graças a diferimentos de pagamentos e direitos[42].

Mas essa necessidade nem sempre existe, tal como revela a vitória presidencial do líder da oposição de longa data – e vociferante crítico da China – Michael Sata, nas eleições de setembro de 2011. Nas Minas de Cobre de Chambishi, o operador mineiro Hedges Mwaba recebeu duas folhas de pagamento diferentes, nos preparativos para o resultado da eleição:

"Parece que os Chineses se tinham preparado para qualquer resultado da eleição, imprimindo-nos duas folhas de pagamento para o mês de setembro", diz Mwaba ao *Christian Science Monitor*. "Se o incumbente Movimento para a Democracia Multipartidária (MMD) [o presidente incumbente Rupiah Banda] tivesse ganhado a eleição presidencial,

teríamos recebido os velhos salários de
miséria. Mas recebemos quase o dobro,
porque quem ganhou foi o partido da
oposição, Frente Patriótica, liderado por
Michael Sata[43]".

Uma análise dos esquemas económicos que facilitam a evasão
fiscal aponta para os chamados paraísos fiscais. É significativo que o
Reino Unido, um dos grandes apoiantes da EITI, acolha mais de
50% dos paraísos fiscais do mundo, se contarmos os que se situam
nas Dependências da Coroa Britânicas, nos Territórios Britânicos
Ultramarinos e nos membros da Commonwealth. Se juntarmos à
equação os membros da Organização para a Cooperação e
Desenvolvimento Económico (OCDE), observamos que, na verdade,
os grandes beneficiários do empobrecimento da África são as nações
mais poderosas[44].

Mas também existem paraísos fiscais na África. Dos países
africanos fomentadores e beneficiários dos paraísos fiscais destacam-
se o Gana, o Botsuana, as Seicheles, a Libéria, o Djibouti e as
Maurícias. São canais de evasão fiscais e têm os sistemas económicos
estruturados em torno de rendimentos do capital sobre os recursos[45].

As Maurícias são um centro para "idas e voltas": os indianos
estacionam aí o dinheiro que mais tarde reinvestirão na Índia, isento
de tributação fiscal. Através desse acordo, as Maurícias recebem
investimentos indianos no valor de $39 mil milhões[46], o que perfaz
quase 50% do total dos seus fluxos de investimento. O país acolhe
várias dezenas de filiais das multinacionais – algumas das quais,
firmas de contabilidade – oferecendo produtos de "planeamento"
fiscal. A OCDE só deixou de classificar as Maurícias como "paraíso
fiscal não cooperante", depois da ratificação de "acordos bilaterais de
tributação fiscal", relacionados com "suspeitas de evasão fiscal" e
com "fornecimento de dados apenas a pedido".

A Tax Justice Network galardoou as Maurícias com uma
pontuação de "opacidade" de 96[47], a uns meros quatro pontos da
opacidade total. Isso deveu-se não só ao sigilo bancário e à
insuficiente conformidade com os requisitos da regulação
internacional, mas também ao facto de não dispor de documentos
oficiais atestando os proprietários da empresa.

Nos Estados Unidos, em 2011, as empresas transnacionais listadas
na Securities and Exchange Commission (SEC) despenderam muita
energia a inserir cláusulas numa nova proposta de reforma financeira,
para garantir a continuação das suas operações no desgastado

caminho dos padrões da dupla "transparência". A reforma em
questão exige que as empresas de extração mineira, petrolífera e de
gás cotadas na bolsa americana emitam um relatório anual, expondo
o "tipo e a soma total" de pagamentos feitos a governos estrangeiros.
Numa carta ao SEC, o American Petroleum Institute (28 de janeiro
de 2011) e a gigante da extração mineira, Rio Tinto (2 de março de
2011), apresentaram as razões pelas quais precisavam de cláusulas de
saída de emergência que lhes permitissem escolher que leis cumprir e
que leis infringir – nos Estados Unidos ou nos países onde operam.

A legislação de alguns países africanos classifica as receitas obtidas
do sector da extração como "segredos de estado". Por esse motivo, a
Rio Tinto argumentava:

> Consideramos válida a introdução de uma
> isenção, caso esse relatório viole, ou se
> considere que seja passível de violar, a
> legislação do país anfitrião. A informação
> cuja divulgação se propõe, por exemplo,
> poderá muito bem ser um segredo de
> estado para um determinado projeto num
> país específico. O emitente não deveria,
> portanto, ser obrigado a escolher que lei
> violar – a da legislação americana ou a da
> legislação dos países anfitriões[48].

O American Petroleum Institute explicava detalhadamente o que
considerava "potencial de danos à competitividade" na reforma. Na
sua opinião, tal divulgação permitiria que a concorrência não listada
na SEC utilizasse a informação numérica para os vencer nos
concursos com ofertas mais baixas ou outras manobras. Para além
disso, consideram que a exposição dessas informações poderá pôr em
risco as vidas dos trabalhadores do sector, uma vez que as "empresas
do sector energético já sofreram vários incidentes, devido à
sabotagem das instalações, a distúrbios nas operações ou à ameaça à
integridade física dos trabalhadores por parte dos opositores ao
desenvolvimento da energia ou aos governos dos países anfitriões".

Curiosamente, as empresas não apresentam problemas com a
disposição da EITI, exigindo que o sector privado divulgue os
pagamentos feitos aos governos e que os governos divulguem os
pagamentos recebidos. De acordo com a Rio Tinto, "a EITI também
exige que os governos divulguem os pagamentos que recebem das
empresas, o que nos parece mais eficaz do que as regras propostas

para melhorar o controlo e eliminar a corrupção nos sectores público e privado. Assim sendo, instamos a Comissão a seguir na máxima medida possível os princípios da EITI."

O American Petroleum Institute recomenda "que a Comissão exija que os emitentes prestem informações sobre os pagamentos com base na quantia que realmente pagaram à entidade governamental (por oposição ao valor líquido pago), em conformidade com as práticas da EITI". Para além disso, a API não "crê que as regras devam especificar outros tipos de taxas eventualmente sujeitas a divulgação. Assinalamos que as taxas relativas à entrada ou retenção de licenças ou concessões podem constituir informações delicadas em termos de competitividade".

Desta forma, a reforma não só seria uma ameaça para as empresas do sector, habituadas a navegar tranquilamente pelas águas corruptas de alguns países, como também seria uma preocupação, para os países africanos e não só que resistem à divulgação de pagamentos feitos no sector. Já se acusaram muitos países ricos em recursos. Por exemplo, os membros do American Petroleum Institute "confirmam à Comissão que a divulgação dos pagamentos das receitas feitos aos governos estrangeiros ou às empresas detidas por governos estrangeiros é proibida nos seguintes países: Camarões, China, Qatar e Angola".

As empresas do sector da extração dependem da boa vontade dos governos anfitriões para lá operarem, sobretudo porque os seus atos representam sempre a violação maciça das regras ambientais e dos direitos humanos. A criação de saídas de emergência e a flexibilização das regras para lhes permitir as práticas geram dualidade de critérios e contribuem para a extração destrutiva. Não será, por isso, surpreendente que o governo da Zâmbia tenha mostrado desagrado para com os esforços da oposição política para travar a entrega das Minas de Cobre de Luanshya (MCL) à NFC África chinesa.

A mina tinha encerrado em dezembro de 2008, depois de ter sofrido graves perdas. Seria a postura do governo para com a China uma tentativa para lhe restringir a influência crescente e desenfreada? As empresas chinesas têm más condições de segurança e pagam mal. O registo de incidentes de segurança dessas empresas na Zâmbia, inclui um acidente na mina de Chambishi, em 2005, que resultou na morte de 49 mineiros. Desde 2003 que a empresa chinesa NCFA tomara possa dessa mina. A influência chinesa é também uma fonte de ressentimentos na Zâmbia, devido ao envolvimento dos chineses nos sectores manufactureiros leves, como do vestuário. Esses sectores

43

desindustrializaram toda a África, devido às importações do sudeste asiático[49].

As operações chinesas na África são um assunto delicado. Após anos de exploração pelos governos e as instituições ocidentais, algumas pessoas acolhem bem a concorrência chinesa, em parte porque os fundos que trazem não se fazem acompanhar de condicionalismos políticos ou ambientais. Mas, nalguns casos, esses condicionalismos podem ser reformas que procuramos para proteger as nossas sociedades e ecologia da maldição dos recursos. Assim sendo, a China pode representar uma ameaça bem mais grave do que a pior multinacional do Ocidente.

Por exemplo, em outubro de 2009, ainda os corpos dos mais de 150 civis mortos a sangue frio pela junta militar na Guiné não tinham arrefecido e já alguns investidores chineses se tinham tornado parceiros estratégicos dessa junta em projetos de extração mineira. Os chineses investiram mais de $7 mil milhões em infraestruturas nessa nação afligida pela pobreza, numa altura em que o mundo inteiro estava horrorizado com o massacre de ativistas pró-democracia desarmados que se haviam reunido num estádio. Calcula-se que o país possa ter as maiores jazidas de minérios de alumínio e bauxite no mundo[50].

O Corno de África é uma zona especialmente rica não só em recursos naturais, mas também em estados tirânicos e falidos. Com efeito, a enorme devastação da Somália ajuda-nos a compreender bem o que faz uma nação, no mundo de hoje. Perto da Somália estão a Etiópia e a Eritreia. Há muitas razões para os conflitos e tensões entre a Etiópia e a Eritreia, ambos ditaduras repressivas. Embora não tenham declarado uma guerra aberta, os dois países mobilizaram as tropas para as fronteiras em comum. O último grande conflito ocorreu em 1998-2000, quando dezenas de milhar de militares morreram numa batalha por uma faixa de terra poeirenta. Calcula-se que 10% dos 4,5 milhões de cidadãos da Eritreia sirvam nas forças armadas do país, fazendo-o um dos países mais militarizados do mundo. Apesar de ser um dos menos desenvolvidos do mundo, despende mais de 6% do PIB na sua máquina bélica.

Na fronteira ocidental da Eritreia fica a cidade de Bisha, onde a empresa de extração mineira canadense Nevsun encontrou um filão de ouro de alta qualidade em cima de jazidas de cobre, prata e zinco, a profundidades de até 450m. A Nevsun investiu $250 milhões na construção de uma mina onde pretende explorar essa espetacular descoberta. A empresa que aí opera é a Bisha Mining Share Company, num coempreendimento da Nevsun com a Eritrean

National Mining Corporation. A Nevsun detém 60% das ações. A empresa sonha em extrair umas boas 28 toneladas de ouro, quase 280 toneladas de prata, quase 340 mil toneladas de cobre e mais de 450 mil toneladas de zinco ao longo da sua duração projetada de vida de 10 anos[51].

Noutro trágico exemplo, a Tanzânia é conhecida pelas graves violações dos direitos humanos no sector da extração mineira, perpetrados contra os cidadãos, para permitir a tomada de posse das empresas. A infâmia surgiu aquando do conflito entre a subsistência local e a demanda por lucro levada a cabo pela grande indústria. O mais estranho aqui é o facto de o governo ter deslocado os mineiros em pequena escala conhecidos por gerar mais receitas ao governo do que os grandes extratores. Em meados dos anos 70 do século XX, descobriu-se ouro na zona de Bulyanhulo da Tanzânia. A extração mineira era principalmente realizada por entre 30 a 40 mil mineiros em pequena escala que, no início dos anos 90, já traziam à volta de $30 milhões para os cofres do estado. As maiores receitas da região provinham da zona de extração mineira. Os mineiros pagavam impostos e investiam nas suas economias locais.

Em meados dos anos 90, todos sofreram um grande abalo, quando a Sutton Resources Inc. Do Canadá recebeu os direitos sobre a zona e obteve uma injunção permanente, travando a atividade dos mineiros em pequena escala que passaram a ser considerados ocupantes ilegais. Foram todos evacuados por tropas paramilitares, sem direito a qualquer indemnização. Cinquenta e dois mineiros foram enterrados vivos, quando as niveladoras da Sutton encheram as galerias e os poços. Triunfando à custa do sangue dos mineiros artesanais, a empresa foi comprada pela gigante Barrick Gold Corporation de Toronto e começou a explorar as maiores jazidas de ouro do continente. Segundo os primeiros cálculos feitos, a empresa ganharia entre $60 e $75 milhões de lucros anuais, pagando apenas impostos e direitos no valor de cinco milhões ao governo da Tanzânia e realizando projetos de serviço social no valor de mais dez milhões. Se, por um lado, os impactes socioeconómicos e ambientais e a perda dos meios de subsistências da população local são evidentes para todos, por outro, não é preciso ser economista para identificar o esquema fraudulento que aqui foi promovido pela máquina da desregulação[52].

Os defensores afirmam que as empresas de extração mineira da Tanzânia começarão a gerar receitas fiscais de cerca de $300 milhões (cerca de 390 mil milhões de xelins) anualmente, em 2014, comparando com o nível atual de cerca de 100 milhões. Os críticos, contudo, acusam as empresas de extração mineira de terem custado à nação cerca de $40 milhões na última década[53], através da fuga e da evasão fiscal.

Em 2009, o Gana também enterrou os seus mineiros em pequena escala. Se não fosse a rápida intervenção de outros membros da comunidade, esses mineiros também seriam sepultados vivos. A National Coalition on Mining (NCOM) de Chirano, Obuasi, Kenyasi, New Abirim, Bibiani, New Atuabo perto de Tarkwa, Prestea, Mpatuom e Accra condenou a Anglogold Ashanti pela tentativa de homicídio dos mineiros em pequena escala (*galamseyers*):

> Na terça-feira, 11 de agosto de 2009,
> soubemos, com choque e uma profunda
> mágoa, que o pessoal de segurança da
> AngloGold-Ashanti, terá alegadamente
> decidido enterrar vivos 40 mineiros em
> pequena escala num dos poços
> abandonados da empresa em Tom Collins,
> também conhecido como (Blacks Pit), perto
> de Obuasi, a capital municipal da Região
> de Ashanti do Gana. Consideramos que a
> AngloGold-Ashanti cometeu os atos de
> tentativa de homicídio e tortura selvagem e
> arbitrária dos cidadãos[54].

As empresas transnacionais lucram tanto através desse tipo de relações de produção imorais como através da corrupção e da fuga de capitais, porque muitos líderes africanos sonegam fundos – muitas vezes, subornos diretos – em contas bancárias codificadas em territórios ultramarinos e têm riquezas pessoais que se diz equivalerem às dividas nacionais dos seus países. Alguns poderão esquecer-se das palavras-passe e morrer, deixando os fundos nas mãos das instituições bancárias.

Será que a situação mudou, por se ter começado a falar mais na transparência e na responsabilidade? Nem todos diriam que sim. "A taxa de corrupção não parece diminuir, nem quando as receitas nacionais diminuem […] porque os políticos corruptos querem manter as suas vidas de consumo descarado[55]".

Concluirei este capítulo, analisando o significado do petróleo para a situação política atual e futura do Uganda, onde as tensões aumentaram recentemente e onde o simples ato de sair para trabalhar pode ser um considerado ato de protesto.

Descoberta de sonho no Uganda

Em 2006, as multinacionais fizeram a muito esperada descoberta de petróleo no Uganda. As jazidas de ouro negro da região Albertina estendem-se ao longo de 23 mil km², (este numero é certo?) pela fronteira com a RDC, catapultando potencialmente a região para a lista dos 50 maiores produtores de petróleo do mundo. Descobriram-se dois milhões de barris só nos 25% da zona explorada. Em inícios de 2012, a produção já se lançava para os 220 mil barris por dia. Em 2009, quando se confirmaram 800 milhões de barris, a Tullow Oil, umas das multinacionais envolvidas, teve uma receita anual de $2 mil milhões. Nesse mesmo ano, o jornal britânico *The Guardian* citou a declaração esperançosa de Margaret Ayuro, mãe de oito filhos da aldeia de Abule, no Uganda: "Acredito que Deus fará com que o governo nos ajude, uma vez que nos abriu os olhos para podermos encontrar esse petróleo[56]."

À semelhança de Ayuro, Museveni atribuiu a descoberta do petróleo à glória de Deus, realizando uma cerimónia nacional de orações, onde agradeceu publicamente ao criador por ter criado "o vale de brecha há cerca de 25 milhões de anos[57]". Mais valia que Museveni agradecesse a si próprio. Em setembro de 2005, mesmo antes da descoberta iminente, enquanto as empresas petrolíferas se debatiam pela obtenção de mais e mais concessões, Museveni – no poder há 25 anos – foi abençoado pelo parlamento ugandês que alterou a constituição de forma a retirar o prazo do mandato do presidente. Assim, Museveni poderia realizar eleições multipartidárias, as primeiras desde 1980, que ganhou com 59% dos votos. Mas o líder da oposição, Kizza Besigye, com 37% dos votos, desafiou os resultados. Apesar de ter identificado graves irregularidades no processo, o Supremo Tribunal do Uganda não as considerou alegadamente suficientes para alterar os resultados.

Besigye já fora preso pelo governo de Museveni, acusado de traição, entre outros crimes, mas o Supremo Tribunal libertara-o, quando os Países Baixos e outros doadores estrangeiros interromperam o financiamento. Os críticos afirmam que Museveni só permitira eleições multipartidárias, devido às ações dos países doadores, numa clara demonstração do enorme poder que os financiadores estrangeiros têm sobre os ditadores africanos. Os EUA consideram o governo de Museveni um aliado regional fundamental. No início de 2011, prevendo as futuras receitas do petróleo, Museveni gastou pelo menos $744 milhões em armamento à Rússia, incluindo, pelo menos, oito aviões de guerra[58]. À frente das Forças Especiais do país que salvaguardam o petróleo, está o filho de

Museveni, o Coronel Muhoozi Kainerugaba, formado em Fort Leavenworth e Sandhurst. Em 2011, foi ele que liderou os violentos ataques sobre os civis que protestavam pacificamente contra o elevado custo dos alimentos.

"As pessoas estão desesperadas", declarou o advogado ugandês doutorado   em Direito pela Universidade de Harvard, Emmanuel Bagenda:

> Até o açúcar – os alimentos de base – estão
> fora do alcance das pessoas vulgares. Para
> resolver este problema, é preciso emendar
> a Constituição: enquanto se mantiver o
> atual sistema de patrocínio, os que estão no
> poder jamais poderão ser responsabilizados.
> Falamos de justiça, mas onde a vemos ser
> implementada? Porque é que os doadores
> continuam a financiar este sistema[59]?

Segunda Parte
A disputa e a usurpação

Caricatura: Alfredo Acedo

As rodas do progresso

Subindo os trilhos dos contos
Encontramos indubitáveis transições
Gente que se insurge nos trilhos da sobrevivência
Mares que se insurgem em corridas suicidas
Monstruosos monumentos à ganância sem fundo
Ruínas, dívidas e riqueza desvanecente
Fósseis
Na matriz das cortinas de fumo invisíveis
Avançamos cegos!
E dançamos ao som de tambores quebrados[1]

As RODAS DO progresso rolam amiúde para a frente mas instáveis, com surtos de velocidade seguidos de períodos de estagnação. Por vezes, no entanto, e como constatamos em África, recuam. Tendo em conta que o mundo inteiro chegou à beira do precipício da sustentabilidade, empurrado por crises económicas e ambientais, a sobrevivência poderá exigir que a roda do "progresso" recue um pouco. De outra maneira, o único local seguro talvez venha a ser outro planeta.

Os seres humanos poderão ter dado os primeiros passos na África, mas a súbita corrida pelo desenvolvimento tecnológico ocorreu no Hemisfério Norte. Essa corrida foi possibilitada pelo desenvolvimento de ideias e estratégias que asseguravam o conforto da elite e as suas preocupações comerciais. As antigas sociedades centralizadas da China e de Roma foram viabilizadas por grandes instalações de tratamento de águas e outras infraestruturas que alimentaram a necessidade de mais poder e território. Com o tempo, os proverbiais súbditos do Norte e a maioria das populações do Hemisfério Sul, foram arrastados para relações de desigualdade. Os

51

emergentes sistemas de exploração de quem não tem voz passaram a ser aceites como regra e quem se insurge contra pode ser considerado extremista.

Não é preciso recuar muito no tempo para chegar à era das aventuras pré-coloniais. Homens arriscavam, braços, pernas e vidas para navegar por territórios estranhos, em busca de tesouros desconhecidos e abrindo mercados em que pudessem exercer o poder do monopólio. Os que regressavam às cortes imperiais com o fruto das suas explorações eram recompensados com títulos e todo o género de condecorações. Foi assim que o Sul se tornou palco de horríveis jogos de exploração e apropriação. Na luta desenfreada pela África que se travou no século XIX, as potências europeias atiravam-se aos pescoços umas das outras, para repartir o território entre elas. O número de massacres superou o de focos de resistência. Thomas Pakenham dá-nos uma ideia:

> A metralhadora – e não a cruz – depressa se tornou o símbolo daquela época, na África (embora, na prática, aquela coisa encravasse e a espingarda fosse melhor). A maioria das batalhas era cruelmente unilateral (mas não a dos Britânicos contra os Boeres, ou a dos Italianos contra os Abissínios). Em Omdurman, os oficiais britânicos contaram dez mil sudaneses mortos ou moribundos na areia. Não fizeram qualquer esforço para ajudar os 15 mil feridos[2].

As incursões na América Latina e na Ásia, bem como a destruição de civilizações inteiras nesses territórios, ao serviço do poder imperial estão bem documentadas. Após as épocas de conquista e pilhagem, incluindo o comércio de escravos e o colonialismo, aonde se dirigia o Hemisfério Norte?

Encontramos um movimento bifurcado. Um caminho, ajuda a garantir a tendência consumista da sua sociedade e, o outro, concebeu formas de manter o Hemisfério Sul sob controlo, para de lá extrair as matérias-primas necessárias para alimentar as gargantas fundas do consumismo. Poderia isso acontecer sem a colaboração do Sul? Seria possível que esses colaboradores nunca soubessem que estavam a trabalhar contra os melhores interesses das suas regiões natais? A resposta aqui seria sim e não. Há pessoas realmente convencidas de que qualquer negócio é um bom negócio, desde que lhes encha os bolsos. Outras há que não fazem ideia que pertencem à máquina que lhes mantém a população na penúria. Esse segundo grupo consiste em pessoas assimiladas pelo sistema e por outros. No todo da matriz de exploradores e explorados, constatamos que o Norte se encontra no Sul e o Sul se encontra no Norte. Mas, aqui, o que nos preocupa é a utilização mais vasta e popular dos termos.

Recentemente, vimos como o público pode ser manipulado e levado a apoiar os mais terríveis atos estatais. O exemplo mais evidente é a forma como os Estados Unidos lançaram guerra ao Iraque, sob o pretexto dos repugnantes ataques ao World Trade Center e ao Pentágono do 11 de setembro. A principal desculpa apresentada – que os iraquianos tinham armas de destruição maciça – foi desde logo uma mentira descarada e os oficiais que a veiculavam sabiam-no. Apesar disso, levaram o público americano a crer que, se não se fizesse nada depressa, sofreriam mais ataques daqueles.

Para acentuar ainda mais a sensação de insegurança entre a população, o governo criou a imagem visual de um eixo do mal e pendurou esse fantasma em todos os corações, apressando-se a sacrificar muitas vidas em batalhas desnecessárias nas ruas de Bagdade, Basra e não só. A morte de centenas de milhar de iraquianos e milhares de americanos e aliados, porém, não tornou o mundo mais seguro. Com efeito, podemos dizer que a presidência de George W. Bush tornou o mundo mais inseguro. Essa sensação de insegurança foi uma grande oportunidade para que aquilo a que o ex-presidente americano Dwight Eisenhower chamou complexo industrial militar produzisse mais armas e os empresários militares tivessem a maior época de sempre.

Um dos segredos mais bem guardados da guerra no Iraque é que as bombas inteligentes utilizadas para devastar essa nação não são tão inteligentes como dizem. Um comentador no documentário *Why We Fight* alega: "Nos primeiros seis meses da guerra do Iraque, foram realizados 50 ataques aéreos de precisão contra a liderança iraquiana. Desses ataques, nenhum acertou no alvo pretendido[3]." Morreram milhares de civis.

As guerras apoiam-se no argumento de que as tropas lutam para defender um modo de vida que não deve ser alterado. Isso implica espalhar a democracia e a liberdade. Os presidentes anteriores expressavam a mesma doutrina por palavras diferentes. Quem não aceitar essa filosofia é considerado inimigo da paz e deve ser caçado, especialmente se estiver "em cima de um mar de petróleo", tal como disse o arquiteto bélico do Pentágono que viria a ser presidente do Banco Mundial, Paul Wolfowitz, em relação ao Iraque.

Talvez seja o idealismo da preservação da paz que leva soldados a matar pessoas a respeito das quais nada sabem. O exército oferece emprego a pessoas que têm dificuldade em arranjar emprego em locais problemáticos. E, com os sistemas de apoio da guerra recentemente inventada, os soldados só têm de comer e lutar. Tudo o resto que não seja uma função direta de combate passa para as mãos de empresas privadas como a Halliburton. Nesse cenário, a globalização permite encontrar mais facilmente trabalhadores dos grupos de migrantes dispostos a levar a cabo as tarefas militares em quaisquer condições. Assim, e como explica Pratap Chaterjee, os soldados combatem alegremente, enquanto os civis lhes lavam a roupa, arrumam os quartos, preparam a comida e, em geral

> proporcionam uma espantosa variedade de pequenos confortos que convenciam os soldados americanos mais relutantes a alistarem-se para combater no Iraque – desde jantares bufete sem limites, ao Burger King e o Pizza Hut a pedido, bem como duche quente e um fornecimento ilimitado de jogos de consola –, reproduzindo o estilo de vida que tinham em casa, com a diferença de, no Iraque, não terem de limpar nada[4].

Afinal, o homem prende-se mesmo pela barriga.

O Norte empenhou-se incansavelmente na manutenção de uma vida fácil. Tudo tem por objetivo facilitar a vida e, se fosse possível, passaríamos a viajar, premindo simplesmente um botão que nos desmaterializaria e nos faria reaparecer no destino desejado. Ou, melhor ainda, premíamos um botão e o destino desejado aparecia-nos à porta de casa. Talvez lá cheguemos.

Poderíamos dizer que, durante algum tempo, o Norte teve tudo sob controlo. Isso aconteceu em relação ao crude como importante fonte de energia e motor de desenvolvimento económico. Os Estados Unidos, por exemplo, eram auto-suficientes em petróleo. Era barato e pouco se pensava na possibilidade de a equação se alterar. Aliás, no início dos aos 60 do século XX, o crude custava menos de $2 por barril e os EUA conseguiam suprir 70% das suas necessidades com a produção nacional. Foi na década de 70 que as coisas começaram a mudar, com a produção de petróleo dos EUA a entrar em declínio. A Organização de Países Exportadores de Petróleo (OPEP) surgira e, em 1973, começara deliberadamente a mexer nas reservas e no apreçamento do petróleo, fazendo-os disparar cerca de 70% e atingir o preço sem precedentes de mais de $5 por barril.

Em 1981, a subida dos preços do petróleo para perto dos $40 por barril fez soar o alarme no Hemisfério Norte. Essa subida repentina dos preços levou o Norte a fazer grandes investimentos nas fontes de energia alternativa, incluindo a energia nuclear, e também no desenvolvimento de mais campos de extração petrolífera nos países não pertencentes à OPEP. Com isto, surgiu a necessidade de mais eficiência energética. Em 1986, os preços do petróleo caíram para cerca de $10 por barril.

Quando Saddam Hussein invadiu o Kuwait, em agosto de 1990, talvez tivesse em vista a anexação dos campos de extração petrolíferas desse país. A invasão abalou o mercado do petróleo e o preço subiu para mais de $30 por barril. Um abalo talvez ainda maior sofreram as nações mais consumidoras, como os EUA, que temiam os planos do presidente iraquiano. Poderia ele atacar a Arábia Saudita? O que implicaria isso para o mundo do fornecimento de crude? Era preciso travar Saddam. E assim foi – acabou no cadafalso.

O preço do barril caiu para os $10 em 1998, por falta de acordo entre os membros da OPEP acerca dos níveis de produção. Ao longo dos anos, envidaram-se esforços para quebrar as fileiras da OPEP ou diminuir o seu número, através de divisões na organização, mas, até à data, não aconteceu nada de especial.

Embora o preço do petróleo tenha subido para além do que se teria especulado há algumas décadas, essa mercadoria ainda ocupa um lugar preponderante no grupo da energia. Para além disso, muitos produtos de utilização diária de que dependemos hoje em dia recorrem, de uma ou outra maneira, ao petróleo – sem contar com a energia com que foram fabricados. Se olharmos à nossa volta, veremos a quantidade de objetos que contêm petróleo: os carros que conduzimos, as garrafas de plástico, os materiais de construção, os alimentos e as respetivas embalagens, o equipamento eletrónico, os materiais têxteis e, até, os medicamentos. O petróleo é tão utilizado que o tomamos por adquirido ou, melhor ainda, nem sequer o vemos. É o que faz mover as máquinas de guerra. E é o que faz mover outras políticas de estado.

A dependência do petróleo é acentuada. A "ressaca" manifestaria síndroma de abstinência tanto aos consumidores como aos fornecedores. Os consumidores são viciados no produto e os fornecedores são viciados nos petrodólares. Ambas as partes preferem o fornecimento eterno de petróleo.

Infelizmente, porém, o petróleo é um recurso finito e há de acabar ou se tornar menos acessível, por mais inovações tecnológicas que apareçam. E devemos considerar isso positivo, pelo menos para o clima e, também, para os campos de extração petrolífera do Hemisfério Sul a que também podemos chamar campos mortíferos. Com o petróleo a secar, faz sentido ganhar dinheiro com a poluição, se não a conseguirmos travar. Essa parece ser a força motriz do comércio de carbono que é uma das muitas falsas soluções apresentadas para a mudança climática. Essa solução segue uma trajetória familiar: confiar nas virtudes do mercado livre e, em contrapartida, rejeitar tudo o que apresente elementos de controlo estatal ou popular.

Com fé no mercado como solução para todos os males, o Hemisfério Norte impõe incansavelmente a "mercantilização" e, como dizem alguns, a "financialização" de tudo, incluindo a vida. Isso já se manifestou no patenteamento de formas de vida, visando a apropriação da criação de sementes e vida animal cujas origens nunca foram os tubos de ensaio dos cientistas. Estamos no domínio de quem se dedica à engenharia genética. As pessoas mercantilizaram o carbono e isso abriu logo caminho a todo um exército de especuladores do mercado de carbono.

Hoje em dia, comercializam-se áreas florestais em que se tenha descoberto subitamente toneladas de carbono e os investidores são levados a financiá-las, passando a deter essas árvores, em nome do clima. Assim, o Norte avança no sentido de consagrar as abordagens comerciais como solução para a crise climática. Esse investimento no carbono visa acabar com a desflorestação. Não importa se os recursos do planeta estão a ser esgotados nem o quanto a indústria movida a combustível polui.

Com a doutrina de mercado firmemente implantada nas mentalidades de quem faz as leis, tudo pode ser levado a leilão. A água já foi, em grande medida, privatizada e, provavelmente, por bons motivos. Antigamente, as pessoas dependiam dos cursos de água naturais como fonte de água potável. Entretanto, os rios foram comprados para utilização privada e vários foram enchidos de efluentes tóxicos das indústrias e dos sistemas de esgotos urbanos. Nos Estados Unidos, por exemplo, há duas décadas, toda a gente recorria a fontes públicas para saciar a sede. Eram tão úteis que se tornaram pontos de segregação racial. Escrevendo sobre o aumento do consumo da água engarrafada, o comentador americano Saul Landau comenta:

> Não me lembro de, na minha juventude, ver as pessoas beber água de garrafas de plástico. Utilizávamos fontes públicas. Antes da privatização, a água engarrafada não poderia competir com a água da torneira. Atribuo o triunfo da água engarrafada e cara (cujo conteúdo desconhecemos) sobre a água canalizada e barata (cujo conteúdo é regularmente controlado) ao consistente declínio da aliança política entre a maioria pobre e o governo[5].

Isto aconteceu porque as pessoas aceitaram a doutrina de que o progresso depende do mercado, o governo é um problema e o sector privado tem toda a inteligência e capacidade do mundo para o corrigir. Quando o mundo enfrentou a crise económica de 2008-09, foi esse sector público tão ridicularizado que proporcionou uma rede de segurança ao sector privado a cuja ganância e falta de transparência nos negócios se devia, desde logo, a crise. Arthur Schlesinger Jr. dizia que impedir que o governo andasse em cima dos negócios levava a que os negócios andassem em cima do governo[6].

A entronização do mercado facilitou a eliminação de barreiras comerciais que os governos consideravam protecionistas, por um lado, e reforçou as regras que impossibilitariam o acesso das nações desfavorecidas aos mercados dos poderosos, por outro. Podemos ver bem as consequências disso na África, onde alguns países dependem muito da exportação agrícola para obterem receitas nas conversões cambiais. Nos finais da década de 90, a União Europeia proibiu as importações do Quénia, do Uganda, de Moçambique e da Tanzânia por questões de ordem sanitária e de controlo. Por causa dessa medida, os pescadores ugandeses perderam $37 milhões e os da Tanzânia 80% dos seus rendimentos.

Segundo o Banco Mundial, os exportadores de cereais, fruta, legumes e frutos secos africanos enfrentam despesas anuais calculadas em cerca de $670 milhões para corresponder aos requisitos da UE em termos de aflatoxinas que são mais rígidos do que os do Comité de Especialistas da FAO/OMS em Aditivos Alimentares[7]. Entretanto, desde os anos 90 que muitos agricultores africanos começaram a dedicar-se ao cultivo de flores para exportação com destino à Europa e outros mercados. A horticultura disparou, em países como o Quénia cuja a fértil zona do Lago Naivasha atraiu muitos agricultores/agronegócios transnacionais que vieram exercer uma enorme pressão sobre os recursos hídricos disponíveis para a produção de culturas alimentares e, assim, ameaçar a segurança alimentar da região. As flores aí produzidas servem o prazer de consumidores abastados a milhares de quilómetros de distância.

Não se considera problemático que esse mercado afaste os agricultores do tão necessário cultivo alimentar, porque quando uns mudam para o negócio das flores, há outros que ocupam o espaço por eles deixado. A realidade é que cada vez mais agricultores africanos entram no negócio das flores, em vez de se alimentarem a eles e de alimentarem as outras pessoas. Provêm as necessidades estéticas dos decoradores, mas, nos tempos difíceis, vêm-se com dificuldades em encher a barriga. A terra é considerada uma mercadoria e não um local para a produção de alimentos e subsistência.

A crise alimentar global desencadeou uma onda inimaginável de açambarcamento de terras. As nações com dinheiro mas pouca terra arável compram pedaços de terra na África, sobretudo para cultivos destinados à produção de agrocombustíveis ou de alimentos que serão repatriados para o país que comprou as terras. A lógica é a do mercado: tu tens terra e eu tenho dinheiro. Ambas as partes ficam felizes. Mas há muito menos terra disponível para o cultivo de alimentos destinados ao consumo local e o desvio da mão-de-obra, da água e outras coisas da produção alimentar para as comunidades locais terá um impacto adverso na produção alimentar.

O debate sobre a ajuda ao desenvolvimento dos territórios ultramarinos desde há muito que se arrasta, mas, ultimamente, surgiram temas muito interessantes. Alguns começaram por ser sussurrados nas reuniões de campanha de grupos da sociedade civil e estão agora a ser abertamente discutidos. A questão subjacente é que a ajuda ao desenvolvimento ou qualquer outro tipo de ajuda que entre na África dificilmente será benevolente. O Norte tende a utilizar a ajuda como pretexto para impor determinadas opções políticas aos recetores da ajuda. Dambisa Moyo[8], Robert Calderisi[9] e outros representaram as ideologias do Banco Mundial e do Fundo Monetário Internacional (FMI), respetivamente.

Um dos problemas do argumento de Moyo é a premissa de que o Ocidente cometeu o erro de "dar uma coisa por nada[10]". Escrevendo sobre a crise petrolífera do início da década de 70, contudo, Moyo admite:

> Com a subida a pique dos preços do petróleo, os países exportadores de petróleo depositaram mais dinheiro nos bancos internacionais que, por sua vez, começaram a concedê-lo alegremente em créditos ao mundo em vias de desenvolvimento [...] O muro de livre fornecimento de dinheiro originou taxas de juros reais extremamente baixas e, até, negativas, encorajando muitas economias pobres a pedir ainda mais créditos para liquidar as dívidas anteriores[11].

Assim, constatamos que alguns países pobres mas ricos, como a Nigéria, caíram na armadilha da dívida, pedindo emprestado o seu próprio dinheiro. Moyo observa com toda a razão que a massa de pessoal que faz trabalhar as engrenagens da máquina da ajuda sofre pressão interna para a manter em funcionamento. E os doadores que querem deixar de emprestar ou dar, para não apoiar regimes corruptos, não conseguem perceber quem é ou não corrupto. Isso não acontece apenas devido às relações de clientelismo entre os doadores ocidentais e os ditadores favorecidos. Outra das principais razões que leva os doadores a ter dificuldade em acabar com esta forma de ajuda-como-imperialismo é o facto de ela lhes ser lucrativa. Segundo Patrick Bond:

> Dado o enorme desperdício associado à burocracia da ajuda, à ajuda condicionada e a outros aspetos "fantasma" como o alívio da dívida, podemos fazer outra correção às estatísticas. Globalmente e de acordo com a Action Aid, o total oficial da ajuda de $69 mil milhões em 2003 reduziu-se para apenas 27 mil milhões de ajuda "real" às pessoas desfavorecidas. Cerca de um sétimo (14%) da alegada ajuda – mais considerada "ajuda fantasma" – inclui o "alívio da dívida" que subiu de 1,5 mil milhões em 2000 para mais de seis mil milhões em 2003... O alívio da dívida foi

proporcionado de forma a acentuar e não a reduzir a dependência da África e o controlo do Norte sobre o continente africano. De entre as outras componentes da ajuda fantasma destacam-se os custos administrativos e de transação dos especialistas do Norte que consumiram um quinto da ajuda; como se observou, os serviços de consultoria do Adam Smith Institute da Grã-Bretanha no processo de privatização da água é outro exemplo de como o auxílio dos patrocinadores pode ser prejudicial para o estado e a sociedade da África[12].

A ajuda também beneficia os doadores que cobram a consultoria e o equipamento a ser comprado na nação doadora. Em 2004, 40% da ajuda dada à África serviu para pagar consultores internacionais ligados à ajuda[13]. Com esta premissa, poderíamos dizer que a ajuda não passa de uma forma hipócrita e egoísta de corrupção ocidental. Permite que o doador exclame: "Fizemos a nossa parte, mas eles, a população Africana, não muda!" E, depois, abre as portas à definição de novas estratégias para fazer as mesmas coisas, com os mesmos fins. Na sua obra, Claderisi propõe dez formas de alterar a África, através da ajuda:

- Introduzir mecanismos para identificar e recolher fundos públicos
- Exigir que todos os chefes de estado, ministros e oficiais superiores abram as contas bancárias ao escrutínio público
- Cortar para metade a ajuda a cada país – reduzindo e não aumentando a ajuda
- Centrar a ajuda direta em quanto ou cinco países que se mostrem seriamente empenhados na redução da pobreza
- Exigir que todos os países realizem eleições sob a supervisão da comunidade internacional
- Promover outros aspetos da democracia, incluindo imprensa livre e poder judicial independente

- Supervisionar a gestão das escolas e dos programas de combate e prevenção de HIV/SIDA
- Estabelecer grupos de revisão constituídos por cidadãos para controlar as políticas do governo e os acordos de ajuda
- Dar mais ênfase à infraestrutura e às ligações regionais
- Fundir o Banco Mundial, o FMI e o Programa das Nações Unidas para o Desenvolvimento[14].

Calderisi diz que a implementação de qualquer uma dessas dez medidas melhoraria o destino dos países africanos e, juntas, fariam o continente voar literalmente em direção ao progresso. É claro que a maioria delas seria recomendável para qualquer nação da terra, uma vez que a corrupção não é inerentemente africana. Até a presidente do FMI, Christine Lagard, foi investigada por capitalismo de conivência, associado à política francesa, quando era ministra das Finanças.

Mas algumas das ideias de Calderisi são bastante condescendentes se não, até, coloniais. Sem o dizer diretamente, também evoca o problema de saber quem deveria determinar que países africanos manter sob controlo. Seria a entidade transformada, constituída pelo Banco Mundial, o FMI e o Programa das Nações Unidas para o Desenvolvimento? Essa proposta de fusão funciona como grave denúncia dessas organizações. Demonstra bem que devem ser reanalisadas individualmente, desprovidas de economistas ortodoxos, talvez mesmo, encerradas e, no mínimo, realinhadas com as necessidades de um mundo verdadeiramente livre, onde todas as nações tenham a dignidade e o respeito assegurados.

O problema do HIV/SIDA atingiu a África literalmente abaixo da cintura, expondo-nos à política da doença e da medicina. Para além do facto de alguns líderes do continente, tais como Thabo Mbeki da África do Sul, não terem aceitado facilmente o facto de se tratar de um flagelo problemático, outros houve que encontraram consolo no papel de ativistas a combater pelo livre acesso a fármacos contra a SIDA e com o potencial de salvar vidas. Segundo Bond, as maiores intervenções de ajuda dos últimos anos terão sido provavelmente no âmbito do tratamento de HIV/SIDA. Essas intervenções começaram por incluir ameaças de cortes na ajuda contra governos como o da África do Sul de Nelson Mandela que tomou medidas para favorecer a produção de medicamentos genéricos. O presidente norte-americano Bill Clinton só recuou da ameaça que fez em finais de 1999, devido a um sustentado protesto popular[15]. Bond comenta igualmente que, no início de 2003, George W. Bush prometeu um programa de ajuda no combate e prevenção da SIDA de $15 mil milhões, mas acabou por reduzir significativamente o financiamento e recusou-se a fornecer os recursos adequados ao Fundo Global das Nações Unidas para o Combate à SIDA, à tuberculose e à malária, chegando mesmo a proibir os governos americanos de financiar os medicamentos genéricos, por uns tempos[16].

A questão fundamental do interesse do Norte na África é manter os mercados abertos à extração de matérias-primas e à venda de produtos acabados. A consultoria prestada pelos consultores internacionais visa normalmente forçar os países a obedecer. As tenazes utilizadas para abrir os mercados tendem a esconder-se sob os rótulos do apoio à boa governação e do investimento social. Quem se oporia a isso? Os países competem para receber esses rótulos sob, por exemplo, a Millennium Challenge Account (MCA) introduzida na era Bush. É claro que a obtenção dessas benesses (não conheço esta palavra) aparentemente benéficas não depende dos países a competir por elas. Com 39 países africanos a competir em 2004, num grupo de 74 países de baixo rendimento elegíveis, apenas oito africanos conseguiram: o Benim, Cabo Verde, o Gana, o Lesoto, Madagáscar, o Mali, Moçambique e o Senegal. De entre as agências que analisaram esses países desfavorecidos destacava-se o Banco Mundial.

Tal como é dito na obra *Looting Africa[17]*, os critérios para o financiamento dos programas de ajuda a esses países dividem-se em três categorias:

> **Governação justa**: Baseada na classificação de liberdades civis e direitos políticos da Freedom House, bem como nos índices de responsabilidade, governação e controlo da corrupção do Banco Mundial.
> **Liberdade económica**: Determinada pela classificação do crédito, as taxas de inflação, o tempo de arranque de novas empresas, as políticas comerciais e os regimes de regulação, segundo instituições

como o Banco Mundial, o Fundo
Monetário Internacional e o Índice de
Liberdade Económica da Heritage
Foundation.
Investimento na população: Medido a
partir da despesa pública na saúde e na
educação básica, nas taxas de imunização e
de conclusão da escola primária, de acordo
com os registos governamentais da
Organização Mundial de Saúde e das
Nações Unidas[18].

Para além da ajuda que promove as doutrinas e políticas
neoliberais, a guerra também é utilizada como instrumento para a
implantação da "democracia". Diz-se que se repetirmos uma coisa
muitas vezes talvez comecemos a acreditar nela – seja ela certa ou
errada. Antes e depois da guerra no Iraque, acusava-se Saddam
Hussein de ter armas de destruição maciça (ADM) e que a guerra ao
terrorismo visava sobretudo eliminá-las. Certo? Quando se tornou
evidente que a busca das ADM era falsa, alguns dos mais influentes
políticos norte-americanos persistiram em vender essa noção. Por
exemplo, em janeiro de 2005, Bill Frist, líder da maioria do Senado,
disse o seguinte acerca do Iraque: "A proliferação de armas perigosas
deve ser travada. As organizações terroristas devem ser destruídas[19]."
O poderio militar também foi violentamente utilizado para
destroçar nações inteiras, como se viu na Somália. As inúmeras
guerras na África, especialmente nas zonas ricas em minérios, como
os Grandes Lagos da África Central e os campos férteis da Serra
Leoa e da Libéria, podem ser todas associadas à intervenção de
empresas extrativas e dos governos que não as responsabilizavam. As
provas atestando a conivência entre o estado e o poder empresarial
surgiram em setembro de 2011, quando se revelou que o membro do
governo britânico Mark Allen apoiava a tortura e a rendição da
Líbia em nome de Washington, enquanto prestava assistência à
British Petroleum de que na altura era consultor sénior.
A mistura de interesses militares e comerciais recorda-nos que a
trajetória da vida humana baseada no nosso atual padrão de vida de
consumo excessivo do Norte só poderá subsistir com a extração de
recursos noutros planetas. Será essa a razão pela qual a exploração
do espaço se está a intensificar e do bombardeamento da lua em
outubro de 2009 pelos EUA? Com certeza. Os EUA terão
alegadamente lançado dois *rockets* contra a lua para levantar uma

nuvem de poeira a qual os cientistas deveriam analisar para se determinar a existência de água na lua. Locais e coisas que pensávamos pertencerem a todos nós estão a ser gradualmente apropriadas. Lembremo-nos de que, em busca de petróleo, os Russos espetaram a sua bandeira no fundo oceânico abaixo do Polo Norte. É evidente que as guerras pelos recursos de amanhã já começaram.

Parece que a direção no Norte está a passar da *fast food* para a *slow food* e das cidades ofuscantes sem luar para as terras mais pacatas que dele beneficiam. Em que direção deverá a roda do progresso rolar?

Enquanto refletimos, permanece a questão incómoda: por que motivo os governos africanos aceitam estratégias e condicionalismos que sabem ser prejudiciais para as suas populações e se opõem às medidas necessárias para cumprir as suas funções de governos? Será que é por precisarem que as agências multilaterais e as instituições financeiras internacionais lhes aprovem cada medida que tomam? No próximo capítulo analisaremos melhor essa questão.

Os passos dos consultores

Hoje dedos espantados
Tocam-te nos flancos
Passam ondas de mistérios antigos
Pelo teu místico rosto
Estórias de vida no teu ventre
Tão profundo é o teu coração
Que os homens procuraram drenar-te as entranhas
E drenar-te o sangue
Para do teu ventre sugarem depósitos dourados
Por uma palha[1].

QUANDO CHEGAM à África as agências multilaterais e os governos estrangeiros só gritam. "Liberalizar! Liberalizar! Liberalizar!" Mas a resposta dos povos africanos é: "Libertar! Libertar! Libertar!" As duas palavras de ordem não combinam.

A liberalização do comércio é um princípio nuclear dos programas de ajustamento estrutural (PAE) do Banco Mundial e do Fundo Monetário Internacional e analisaremos mais esse tema, ao observarmos as políticas que os africanos tiveram de confrontar ou adotar. Embora, em teoria, deva abrir o negócio para ambas as partes, na prática a liberalização do comércio não o fez. Haverá algum erro inerente a essa ideia? Talvez não. O eventual erro está associado ao modo de implementação e às mãos ocultas que manipulam as chamadas forças do mercado livre.

A liberalização do comércio teve muito maus resultados nos países africanos que forçou a escancarar as portas. Em primeiro lugar, os governos deram ênfase às culturas de exportação. Os preços dos alimentos caíram no Gana e os agricultores não conseguiram recuperar. No Quénia, as importações de alimentos também

65

aumentaram e o resultante *dumping* de alimentos semeou o caos na subsistência dos agricultores locais. No Benim, a disputa era entre o enfoque do governo no cultivo e na exportação de algodão e os pedidos de ajuda dos agricultores na produção alimentar.

Muito embora essas políticas fossem erradas, a resposta das instituições financeiras foi dar-lhes rótulos e nomes em vez de lhes abordar a substância. Não foi incidental. Os evangelistas do mercado livre estão bem integrados nas estruturas de poder do Norte e impõem a mesma doutrina. Afinal, não são eles que têm de engolir as pílulas amargas.

Muitos têm esperança de que a administração de Barack Obama mude a situação. Mas, com nada mais nada menos do que Lawrence Summers como principal consultor económico em 2009-10, quem é que estava à espera de uma mudança verdadeira no *status quo*? Como economista preponderante no Banco Mundial, era grande apoiante dos PAE. Para além disso, é conhecido por manter posições dogmáticas, segundo Naomi Klein:

> Em 1992, Summers dizia que o tema da economia já não estava aberto a debate: homens como ele tinham encontrado todas as respostas. "As leis da economia são como as da engenharia. Um conjunto de leis serve para tudo", declarou. Posteriormente, apresentaria essas leis como as três "-ações": privatização, estabilização e liberalização[2].

No mesmo ano, Summers tinha defendido que os desperdícios tóxicos deveriam ser depositados na África:

> Aqui entre nós, não acham que o Banco Mundial deveria incentivar a migração das indústrias sujas para os PMD [Países Menos Desenvolvidos]? Ocorrem-me três razões: (1) Os custos da poluição prejudicial para a saúde medem-se pela perda de receitas devido ao aumento da morbidez e da morte. Desse ponto de vista, uma parte da poluição prejudicial para a saúde deveria ser produzida num país com menos custos e que será o país com os salários

mais baixos. A lógica económica de deitar uma carga de desperdícios tóxicos no país com salários mais baixos parece-me impecável e aplicável. (2) Os custos da poluição não deverão ser lineares porque os incrementos adicionais da poluição deverão implicar custos muito reduzidos. Sempre considerei que os países pouco povoados da África são muito pouco poluídos. A qualidade do ar nesses países deve ser vasta e ineficientemente baixa [sic], comparando com Los Angeles ou a Cidade do México. Só os factos lamentáveis de tanta poluição ser gerada pelas indústrias não-transacionáveis (transportes, geração de energia) e de os custos da unidade de transporte de desperdícios sólidos serem tão elevados travam o comércio de melhoria do bem-estar mundial, no que respeita à poluição do ar e dos desperdícios. (3) A procura de um ambiente limpo por motivos estéticos e de saúde deverá ter uma elevada elasticidade de receitas. A preocupação com um agente que provoca uma mudança de uma num milhão de hipóteses de cancro da próstata será evidentemente muito maior num país onde as pessoas sobrevivem o tempo suficiente para terem cancro da próstata do que num país onde 200 em cada 1000 crianças com idade inferior a cinco anos morrem. Para além disso, muita da preocupação com as descargas industriais na atmosfera é sobre partículas que afetam a visibilidade. Essas descargas podem ter muito poucos impactes diretos sobre a saúde. É evidente que o comércio de bens que incorporam preocupações com a poluição estética poderá contribuir para a melhoria do bem-estar. Enquanto a produção é móvel, o consumo de ar bonito não é transacionável. O problema dos argumentos contra todas

> essas propostas para mais poluição nos
> PMD (direitos intrínsecos a determinados
> bens, razões morais, preocupações sociais,
> falta de mercados adequados, etc.) pode ser
> voltado ao contrário e utilizado mais ou
> menos eficazmente contra todas as
> propostas do Banco pela liberalização[3].

Com esse tipo de mentalidade de um dos principais economistas do Banco Mundial podemos ver claramente que a poluição não acontece por acaso. A pobreza e os problemas de saúde são aparentemente engendrados por uma mentalidade ideológica que considera apropriado tudo aquilo que garanta a riqueza dos poderosos, mesmo que mate os fracos ou lhes diminua a capacidade de sobrevivência. Com esse tipo de mentalidade, vemos que as políticas são propositadamente definidas contra a África. Tomemos o exemplo dos subsídios agrícolas: quando era secretário do tesouro dos EUA, Summers praticou outro conjunto de políticas – subsídios estatais maciços para o agronegócio. Na Europa, no Japão e na América do Norte, esses subsídios expõem os critérios injustos que o Norte impôs à África. Calcula-se que os referidos subsídios concedidos aos agricultores perfaçam quase $1 milhão por dia – mais do que o PIB de toda a África Subsariana[4]. Para além disso, revelam desigualdades entre o próprio Norte, porque na Europa e na América do Norte é o grande agronegócio que beneficia dos grandes subsídios e não os agricultores em pequena escala.

É frequente a tendência para pensar que não existem agricultores em pequena escala no Hemisfério Norte. A verdade é que existem e podem proporcionar alimentos integrais que supram as necessidades essenciais das comunidades locais, evitando que estas dependam do transporte de alimentos e produtos de locais distantes. A maioria desses agricultores em pequena escala utiliza métodos agroecológicos com recurso a mão-de-obra intensiva, em muito beneficiando o ambiente e as comunidades locais.

Muitas pessoas talvez se surpreendam se souberem que 60% das herdades da Europa que são as mais pequenas, só recebem 10% dos subsídios disponíveis, enquanto os 2% que são as maiores recebem quase 25% dos subsídios. Os rácios ainda são mais acentuados nos EUA, onde 60% dos agricultores não recebem qualquer tipo de subsídio. Esta situação contrasta com o facto de, na última década, o grande agronegócio – os 10% que representam os maiores e mais ricos – ter arrebatado 72% dos apoios governamentais[5].

É manifesta a perversidade dos conselhos dados aos governos africanos, instando-os a não subsidiar o sector agrícola, uma vez que é a agricultura que proporciona mais emprego no continente e que coloca diretamente os alimentos na mesa da maioria das pessoas. Comparemos essa realidade à situação do Norte onde apenas uma pequena fração da população está envolvida na agricultura. Em termos de produção económica total, a agricultura preenche um pequeno espaço. Na França, por exemplo, contribui com 2,9% do PIB (em si, uma medida não imparcial); no Japão, é 1,6%. Ao lado dos fluxos das ajudas, os subsídios agrícolas do Hemisfério Norte ultrapassam muito a soma das ajudas dadas à África.

Essa contradição suscita aqui uma pergunta lógica: o Norte visará deliberadamente travar o progresso na África? Alguns analistas responderam, dizendo que não, mas, com o aumento do comércio, ao longo dos anos, e devido ao rápido processo de globalização, surgiu a necessidade de desenvolver mecanismos reguladores para garantir que as coisas sejam previsíveis. Infelizmente, dizem, valendo-se do seu papel preponderante nessas negociações, o Norte garante que os acordos e as normas não lhe prejudiquem as próprias economias. E, lamentavelmente, prejudicam outros. Algumas dessas medidas garantem que as forças do mercado livre só possam funcionar onde se responda aos interesses dos atores principais. Um bom exemplo é a fuga de cérebros que tem sofrido a África ao longo dos anos. Se, por um lado, o Norte absorve toda a mão-de-obra qualificada africana, por outro, nega a entrada nos seus mercados a toda a mão-de-obra menos qualificada.

Vejamos o cocktail dos PAE e o respetivo objetivo. Tanto os PAE como a atual consultoria económica se justificam com o argumento de que as suas estratégias poderão colocar o continente num novo caminho para o desenvolvimento, através do mercado das exportações. Em contrapartida, os regimes progressivos dos outros continentes visam a substituição das importações o que, obviamente, pode fazer os seus países darem um salto em frente.

Na década de 80 do século XX, o FMI e o Banco Mundial impuseram uma agenda económica neoliberal aos países africanos que procuravam assistência financeira, incluindo alívio da dívida. Observemos agora aquilo que, nessa agenda, se pode geralmente considerar condicionalismos:

- Minimização da intervenção estatal através da privatização das empresas estatais
- Liberalização da economia para promover

a extração de recursos e os mercados
abertos orientados para a exportação. Isso
inclui a eliminação dos controlos sobre a
importação
- Proteção reduzida das indústrias nacionais
- Taxas de juro mais elevadas associadas a
austeridade para, por um lado, reduzir a
procura dos consumidores e, assim, travar a
inflação, e, por outro, estimular a poupança.
Instigados por Washington, os líderes
africanos na sua maioria exigiram aos
cidadãos que apertassem os cintos,
enquanto deixavam as suas próprias
cinturas alargar
- Eliminação de subsídios aos produtos
agrícolas e alimentares
- Eliminação ou enfraquecimento da
regulação financeira, como os controlos
monetários, com vista a atrair investidores
estrangeiros.

No seu todo, os PAE foram feitos para garantir que os países africanos reduzissem os défices nas contas externas e, ao mesmo tempo, conseguissem um orçamento governamental equilibrado. As condições estabelecidas pelo FMI e o Banco Mundial traziam mais problemas do que os que se propunham resolver. Os cortes na despesa pública começaram por atingir os programas sociais. A educação, a saúde e a habitação sofreram imediatamente, enquanto a despesa no aparelho militar e das forças de segurança pública aumentou para controlar as massas desordeiras.

A introdução da liberalização do comércio levou ao *dumping* de produtos agrícolas e industriais baratos no continente, prejudicando a produção local. Importava-se, entre outros produtos, arroz, trigo, leite, frango e, até, milho. De entre os resultados imediatos, contaram-se o colapso da agricultura e dos sectores industriais associados. Em 1989, Adebayo Adedeji e outros economistas da Comissão Económica das Nações Unidas para a África propuseram o "Quadro Africano Alternativo para os Programas de Ajustamento Estrutural para a Recuperação e a Transformação Socioeconómica" como alternativa às prescrições ortodoxas do Banco Mundial e do FMI. Quando foi apresentado na Assembleia Geral das Nações Unidas, em novembro de 1989, esse quadro foi aclamado como "base para o diálogo construtivo". É muito revelador que só um país tenha votado contra a resolução. Esse país foi os Estados Unidos[6].

Tal como descreveu Noam Chomsky, um dos principais intelectuais inconformistas, do Instituto de Tecnologia de Massachusetts, a ideologia de Washington opunha-se às ideias de Adedeji em princípio:

> Um elemento fundamental da doutrina neoliberal é aquilo a que se chama "minimizar o estado". É uma doutrina antiga do Banco Mundial. É exatamente o oposto das suas análises, estudos técnicos e, agora, até, das suas propostas e talvez valha a pena pensar nisso. Mas, para além disso, minimizar o estado significa maximizar outra coisa. Ou seja, a tomada continua de decisões. Não desaparece, mas continua noutro lado. Onde continua? A doutrina diz-nos que passa para as pessoas, mas, mais uma vez, isso nem chega a ser uma anedota de mau gosto. As decisões passam para as mãos do poder privado e isento de responsabilidade – na verdade, instituições totalitárias isentas de responsabilidade – e desvia-se do domínio público, onde, pelo menos em princípio, pode haver uma certa medida de participação, influência e controlo públicos. Trata-se de um ataque muito acentuado à democracia. Tem essa intenção e, claro está, esse carácter. E não é de todo surpreendente que o poder privado o aprecie, sendo apenas razoável supor que continuará. Pelo menos é o que tentarão fazer[7].

O quadro africano reconheceu que os PAE não conseguiram responder à necessidade de melhores infraestruturas sociais e tecnológicas nem mobilizar o entusiasmo, o apoio e as capacidades criativas da população e das organizações de base[8]. Para além disso, conduziram à perda de emprego, ao encerramento de negócios e, portanto, a revoltas sociais – as "revoltas do FMI" – por todo o continente, à medida que as necessidades básicas desapareciam das

71

prateleiras dos mercados ou deixavam de ser acessíveis a uma
população seriamente enfraquecida.

Esse quadro diagnosticou as causas subjacentes à crise
socioeconómica africana como a estrutura de uma economia

> que obriga a África a produzir mercadorias
> que não precisa porque a população pouco
> as consome, dependendo de outras pessoas
> para lhe produzirem os bens essenciais. É
> uma estrutura de dependência e não de
> autossuficiência. É uma estrutura mais
> orientada para a importação-exportação
> do que para a produção.

O texto continua, sugerindo que a África estabeleça uma
Comunidade Económica Africana até ao ano 2000, como se previa
no Plano de Ação de Lagos. A Comunidade Económica Africana
funcionaria recorrendo às vantagens do continente e promovendo a
especialização da produção para um grande mercado africano unido.
Tal seria possível se as barreiras aduaneiras dentro da comunidade
desaparecessem e se fizesse um acordo por etapas para reduzir a
competição entre os países na subregião, por exemplo,
racionalizando a especialização da produção. A terceira proposta era
que a comunidade reunisse recursos para a investigação e o
desenvolvimento, partilhando livremente as experiências feitas na
aplicação dos resultados. Tudo isso incorporava o espírito do
planeamento democrático. Nada poderia estar mais longe da agenda
de Washington.

O ex-economista do Banco Mundial Joseph Stiglitz, criticou o
Banco e o FMI:

> O FMI gosta de tratar dos seus negócios
> sem forasteiros a fazerem demasiadas
> perguntas. Em teoria, o fundo apoia as
> instituições democráticas nas nações que
> auxilia. Na prática, prejudica o processo
> democrático, impondo políticas. É evidente
> que, oficialmente, o FMI não "impõe"
> nada. "Negoceia" as condições para a
> atribuição da ajuda. Mas todo o poder das
> negociações reside num só lado – no FMI –
> e o fundo raramente dá tempo suficiente
> para se chegar a um consenso mais

alargado ou, até, para se consultarem
devidamente os parlamentos ou as
sociedades civis. Por vezes, o FMI nem
sequer se dá ao trabalho de fingir que se
pauta pela abertura e negoceia pactos
secretos[9].

Em 1999, o FMI substituiu os programas de ajustamento
estrutural pelo Programa de Financiamento para Redução da
Pobreza e Crescimento (PFRPC) e os documentos-quadro de política
económica pelos Documentos de Estratégia de Redução da Pobreza
(DERP)como pré-condições para o crédito e o alívio da dívida. Os
DERP não passam de PAE reempacotados. Numa reunião realizada
em maio de 2001 em Kampala, grupos da sociedade civil africana
criticaram os DERP, acusando-os de só servirem como fachada para
melhorar a decadente legitimidade do FMI e do Banco Mundial.
Também consideravam que o conteúdo dos DERP colocava os
direitos corporativos à frente dos direitos sociais, humanos e
ambientais. O programa não dava espaço aos contributos da
população local e concedia ao FMI e ao Banco Mundial mais
controlo "não só sobre as políticas financeiras e económicas, mas
também sobre todos os aspetos e pormenores de todos os nossos
programas e políticas nacionais[10]".

Os DERP foram introduzidos reconhecendo declaradamente que
as estratégias participativas nacionais de redução da pobreza
deveriam estar na base de todos os empréstimos em condições
favoráveis e para alívio da dívida do Banco Mundial/FMI ao abrigo
da Iniciativa Melhorada de Redução da Dívida dos Países Pobres
Altamente Endividados (PPAE). A PPAE foi lançada pelo G7 em
1996, na cimeira de Lyon, e foi "melhorada" na cimeira de 1999 na
Colónia, supostamente para proporcionar um alívio maior e mais
rápido a um grupo mais alargado de países, bem como para
aumentar a associação da iniciativa à redução da pobreza[11]. Diz-se
que, em junho de 2009, três dúzias de países já tinham beneficiado
da PPAE e 26 estavam a concluir o programa. Segundo o Banco
Mundial, um país entra na corrida da classificação de país pobre
altamente endividado se demonstrar ter

um registo atual de desempenho
satisfatório dos programas do FMI e com
apoio da AID, uma Estratégia de Redução
de Pobreza (ERP) em vigor e indicadores

73

de endividamento acima dos limites da Iniciativa PPAE, utilizando os mais recentes dados para o ano imediatamente anterior ao ponto de decisão. No ponto de decisão, muitos credores, como o Banco, o FMI, bancos de desenvolvimento multilaterais e credores bilaterais do "Clube de Paris" começam a proporcionar alívio da dívida, embora muitas dessas instituições mantenham o direito de revogação em caso de falha no cumprimento das políticas[12].

Os primeiros passos são assinar um acordo com o FMI para três anos durante os quais a decisões económicas do país devem ser aprovadas e estritamente controladas por Washington. Tal como observaram os grupos da sociedade civil, as condições impostas pela PPAE revelam o PAE disfarçado. As políticas macroeconómicas como a taxa de juro e a moeda (política monetária), os orçamentos de estado (política fiscal) e o que o país importa e exporta (política comercial) saem da mesa e não são negociáveis com a sociedade civil. Permite-se alguma concertação à margem, mas a maioria das ONG que participam na PPAE adota as premissas neoliberais e, portanto, não desafia o poder.

No fim desses três anos, o Banco Mundial e o FMI realizam um processo de revisão para determinar se as políticas adotadas pelo país são suficientes para lhe permitir saldar a dívida. Como é que o fazem? Verificam se o rácio entre o valor presente da dívida do país e o valor anual das receitas das exportações excede os 150%. Qualquer valor acima é considerado insustentável e o país passa a poder candidatar-se à classificação PPAE[13].

A Iniciativa PPAE identifica presentemente 40 países, na sua maioria, da África Subsariana, como potenciais candidatos ao alívio da dívida (consultar a Tabela 1)[14].

O alívio da dívida da PPAE forneceu a mercadoria? Não, de acordo com o FMI que admitiu, no seu relatório de 2009, "As implicações da crise financeira global para os países de baixo-rendimento", que os pagamentos para o alívio da dívida só poderiam piorar. Por outras palavras, as promessas de alívio da dívida de Gleneagles só visavam continuar a sugar o tutano à África.

Antes de passarmos da análise do ajustamento estrutural e a sua metamorfose, devemos observar brevemente os próprios Banco

Mundial e FMI. Esses dois organismos afirmam ser instituições inclusivas que respeitam a igualdade das nações, como simbolizam as Nações Unidas com a sua política de um voto por país. A verdade é que o FMI funciona mais como uma empresa transnacional e cujo acesso depende da compra de ações pelos governos. Um país não pode, no entanto, decidir simplesmente comprar a maioria das ações do FMI. Os rácios estão tão bem protegidos que os poderes controladores permanecem no Norte. Segundo o seu regulamento interno, o diretor executivo do FMI tem de ser sempre europeu, como se percebeu pelo ridículo processo da substituição de Dominique Strauss-Kahn, em 2011. O segundo lugar é reservado aos EUA. O Banco Mundial tem uma ordem de separação semelhante, mas, em vez de ostentar o sinal "exclusivamente europeus" (como se via na África do Sul até 1994), a porta do gabinete do seu presidente ostenta o sinal "exclusivamente cidadãos americanos".

Tabela 1 Países identificados como potenciais candidatos ao alívio da dívida da PPAE

Ponto de conclusão (26 países)		Ponto de decisão (9 países)	Ponto de pré-decisão (5 países)
Benim	Malawi	Afeganistão	Togo
Bolívia	Mali	Chade	Comores
Burquina Faso	Mauritânia	Costa do Marfim	Eritreia
Burundi	Moçambique	República Democrática do Congo	República de Quirguiz
Camarões	Nicarágua	República do Congo	Somália
República da África Central	Níger	Guiné	Sudão
Etiópia	Ruanda	Guiné-Bissau	
Gâmbia	São Tomé e Príncipe	Libéria	
Gana	Senegal		

Guiana	Serra Leoa		
Haiti	Tanzânia		
Honduras	Uganda		
Madagáscar	Zâmbia		

Poderão essas instituições ser reformadas, uma vez que apresentam tantos constrangimentos para a democracia? Strauss-Kahn afirmava com orgulho que a legitimidade do FMI ficara bem estabelecida em novembro de 2010, quando ele conseguira que, numa data futura, a União Europeia lhe cedesse lugar e poder de voto para, assim, dar algum equilíbrio às instituições, mas o principal beneficiário acabaria por ser a China que ganhou mais 6% no poder de voto – nada (sinto que falta aqui alguma coisa) amigos do ambiente ou da população desfavorecida da África – em detrimento da África que perdeu parte do seu.

A África é quem tem menos poder de voto no FMI, ficando o capital político do continente em desvantagem nas políticas de tomada de decisões críticas. Num artigo intitulado "A matemática eleitoral do FMI não bate certo", a publicação mediática, Bloomberg declara o seguinte:

> As distorções remontam aos anos 40, quando o mundo desenvolvido da Europa e dos EUA detinham a maior parte do dinheiro, *know-how* e liderança do mundo. A proporção dos direitos de voto era a mesma. Num acordo de cavalheiros entre os países, os EUA reclamavam o cargo de chefia do Banco Mundial que proporciona ajuda ao desenvolvimento e a Europa ficou com o FMI que se dedica a créditos de resgate e planos de austeridade para os governos. [...]
> Para descobrir o erro na matemática eleitoral, basta observar a Bélgica e o Brasil.
> A Bélgica é a 20ª maior economia do mundo e detém 1,86% dos votos, no FMI.
> O Brasil é uma nação bastante maior e mais povoada, classificada nas dez principais economias do mundo, com o triplo da produção da Bélgica. No FMI,

contudo, o Brasil é mais fraco e tem apenas
1,72% do poder de voto[15].

Outro problema é a ideologia, bem patente no caso de Hernando
de Soto.

A Ideologia do capital vivo

Para minimizar os riscos políticos e legais, pode ser imensamente
útil fazer uma reinicialização pró-corporativa total dos direitos de
propriedade de um país africano. Dá muito jeito uma ideologia pró-
pobreza. Segundo Anurandha Mittal do Instituto de Oakland, nos
EUA, nos países como a Zâmbia, os investidores estrangeiros podem
adquirir terra, oferecendo ao chefe uma simples garrafa de *whiskey*
Jack Daniels. Essa imagem é muitas vezes apresentada como o
produto de falta de registo de propriedade na África, onde a terra é
partilhada, amiúde, através de leis consuetudinárias. Mas é
problemático e é preferível fazer as coisas de outra maneira. O
economista Hernando de Soto chama a esses bens tão informalmente
controlados pelo mundo fora "capital morto" no valor de $9 mil
milhões[16] inacessível aos milhares de milhão de rurais desfavorecidos,
devido à falta de direitos de propriedade privada (através do registo)
e da titularização. Quando se aplica o direito de propriedade a uma
terra ou a uma casa, ela pode ser registada e um banco pode ter
sobre ela um direito de retenção num notário, dando ao proprietário
a possibilidade de obter crédito – mas correndo o risco de perder a
garantia. Com o colapso da moda do micro-crédito, devido às
catástrofes ocorridas no Sul da Ásia (200 mil suicídios relacionados
com dívidas no estado indiano de Andra Pradesh, desde 2000, por
exemplo) e, com efeito, no mundo inteiro, esta é uma receita perigosa
para uma nova ronda de deslocalizações.

De Soto, no entanto, é um consultor muito procurado pelos
governos, desde o de Aristide, no Haiti, até 2004, ao de Downing
Street, no RU, passando pela Casa Branca, em Washington, e pelo
Kremlin, na Rússia. Em 2004, Bill Clinton chegou mesmo a
descrevê-lo como "o economista vivo mais importante do mundo[17]".

A verdade é que, lamentavelmente, de Soto prefere evitar a
linguagem da justiça, definindo a premissa da pobreza como falta de
acesso à propriedade privada e ao crédito. É daí que vêm muitas das
pressões ideológicas associadas à privatização.

Tomemos o exemplo do Uganda: em 1998, o Presidente Yoweri
Museveni – que gostava de se apresentar como um novo tipo de líder
africano que abria um novo caminho de governação transparente –

deu início a um programa de privatização fundiária, criando, em teoria, um mercado de propriedades para responder à "procura". Desse modo, facilitou e simplificou muito a compra e venda de terra aos investidores. As secretarias distritais de terras encetaram o processo de venda de terras. Mas, para a população rural sem acesso à política, poder legal e financiamento para competir com os interesses das instâncias superiores, como escreve o *Le Monde Diplomatique*, "a reforma fundiária tornou-se açambarcamento de terras[18]".

Então, quem beneficia especificamente desse legalismo?

Numa entrevista ao *World Policy Journal*, de Soto descreve o processo através do qual os investidores estrangeiros recebem direitos de propriedade invioláveis. Segundo afirma, esses mesmos direitos devem ser passados aos desfavorecidos do mundo.

> Digamos que uma empresa americana obtém os direitos de propriedade do governo peruano, sob a forma de concessão. A terra só será deles se renovarem os contratos e os compromissos, ao longo de um determinado número de anos, mas não deixa de ser um direito de propriedade que terão durante 60, 120 ou um número ilimitado de anos. [...] Então, esse direito de propriedade – protegido pelo tratado internacional bilateral assinado entre o Peru e os Estados Unidos – é inscrito e abençoado pela Overseas Private Investment Corporation (OPIC) cujas garantias que emite despertam o interesse de toda a gente por essa propriedade apoiada pela OPIC. Em seguida, esse direito de propriedade entra no programa da Agência Multilateral de Garantia dos Investimentos do Banco Mundial, onde, mais uma vez, é ratificado pelos seus 187 países membros que, é claro, o encaram como uma garantia de investimento nas nações em vias de desenvolvimento[19].

Segundo de Soto, esse direito de propriedade "aperfeiçoado" pode ser detido por qualquer investidor ou grupo financeiro de importância crítica, desde Wall Street a Londres, como um título que "nem o congresso peruano pode retirar". Mas, na sua opinião, embora as tribos possam ter a mesma extensão de terra mesmo ao lado, a diferença – "estritamente o papel" – é grande tanto em termos práticos como em termos de desigualdade.

Apesar de tudo, os títulos de propriedade fundiária e tudo o que os acompanha não entram num vácuo e sim numa circunstância socioeconómica específica: nem a OPIC e o Banco Mundial, nem outra qualquer instituição neoliberal desperdiçará tempo ou se dará ao trabalho de implementar os mesmos direitos para os mais desfavorecidos. Como reclama o historiador ugandês, Phares Mutibwa, a tomada de terra do Buganda por estrangeiros "provoca muito ressentimento. Existe uma grande fricção entre os novos proprietários da terra no Buganda e os camponeses bagandeses[20]". Não será surpreendente que no seu livro, *The Mystery of Capital*[21], de Soto afirme que o exemplo de titulação de terras na fronteira do Oeste Selvagem dos EUA ajuda a explicar o êxito do país. Não menciona a perda que representou para os povos indígenas, mas apenas que eles não compreendiam o conceito de "propriedade" da terra.

Esta ideologia é imposta pelas instituições Bretton Woods e os seus PAE. Como já se explicou, o PAE pode muito bem ser a ferramenta mais poderosa na emasculação do continente africano que o mantém com a tigela vazia nas mãos, sempre disposto a acolher mais ajuda para lhe acentuar a vulnerabilidade. É a tensão gerada nesse processo que leva à eclosão das guerras de recursos na África – outro exemplo evidente de que o sistema internacional só agrava os problemas provocados pelo extrativismo.

Guerras de recursos

A África Central demonstrou dificuldades especiais no que se refere a lidar com os conflitos no continente. Os conflitos na Serra Leoa, na Libéria e na Costa do Marfim implicaram tangencialmente os estados vizinhos, mas não foram nada, comparando com o enredo complexo dos estados nas guerras da África Central. Os conflitos que envolveram o Ruanda, o Uganda, a República Democrática do Congo (RDC) e Angola tornaram-se por vezes tão complexos que nunca se percebeu bem se os combatentes eram ou não representantes de partidos silenciosos.

Tanto nesses conflitos como nos da Somália e, até, do Sudão, o papel dos consultores externos, nomeadamente, dos Estados Unidos, foi posto em causa. Uma coisa que se tornou evidente é que as causas subjacentes aos conflitos são muitas vezes a luta pelo controlo sobre os recursos naturais. Embora os confrontos na região tenham, como seria de esperar, de implicar mercenários, poucos são os casos em que as forças externas tenham intervindo abertamente. As guerras de independência de Angola e, em menor medida, da Namíbia, foram combatidas com uma forte presença cubana.

Foi sobretudo a divisão global erigida pela guerra fria que determinou quem lutava por quem, naquela época. Se a União Soviética apoiasse uma parte, a outra certamente receberia apoio dos Estados Unidos. Ficava para segundo plano a questão da legitimidade. Assim, os ditadores poderiam manter-se no poder, por pior que fossem, desde que a sua presença nas fileiras do poder garantisse os interesses das potências que lhes prestavam apoio e impedisse o acesso da outra parte. Esse cenário funcionava bem para líderes manifestamente corruptos, como o Presidente Mobutu do Zaire (agora RDC).

No que respeita ao genocídio no Ruanda, parece que, embora a regra belga de dividir para reinar remonte a muitas gerações atrás, as sementes imediatas do conflito foram plantadas já em 1990, quando os exilados Tutsi do Uganda formaram a Frente Patriótica Ruandesa, com o objetivo de tomarem o poder no Ruanda. O conflito que se seguiu motivou algumas tentativas de acordo, incluindo o Acordo de Paz de Arusha de 1993. Os assassinatos dos presidentes do Ruanda e do Burundi num acidente de avião, em 1994, contudo, levaram a uma luta de poder que levou ao genocídio de um milhão de vítimas e provocou cerca de três milhões de refugiados, numa população de 7,5 milhões. Na altura do massacre, as Nações Unidas estabeleceram uma Missão de Assistência para o Ruanda que só não travou a carnificina, em parte, porque, como viria a admitir o Presidente Bill Clinton, a população do Ruanda não era simplesmente uma prioridade em 1994.

Serão as diferenças étnicas sempre a causa principal dos conflitos na África? No caso do Ruanda, sabe-se que há muitos casamentos entre os Hutus e os Tutsis. As pessoas vulgares viviam em paz com os vizinhos, segundo a verdadeira tradição africana. O problema são os líderes que procuram criar enclaves e arrebatar territórios para eles próprios e a carta étnica é muito fácil de utilizar. Utilizam-na para semear a desconfiança, o ódio e o medo nos corações da população, levando as pessoas a massacrar literalmente os vizinhos. O que aconteceu com os Hutus e os Tutsis no Ruanda, aconteceu com os Ijaws, os Itsekiris e os Urhobos do Delta do Níger, na Nigéria.

Os conflitos desta zona da África compõem uma mistura violenta:

divisões étnicas, poder político e controlo dos recursos. Por mais que os forasteiros intervenham para se juntarem à exploração dos recursos naturais da região, a responsabilidade por esse estado de coisas recai diretamente sobre os líderes regionais. Pensemos no caso da guerra que o falecido Laurent-Desire Kabila e a sua Aliança de Forças Democráticas para a Libertação do Congo-Zaire (AFDL) lançou contra o governo de Mobutu, em 1996. A AFDL tinha o apoio do Uganda, do Ruanda, do Burundi e de Angola. O apoio dos angolanos seria alegadamente para se vingarem de Mobutu por ele ter apoiado a UNITA de Savimbi, contra o governo angolano. Após um ano no poder, Kabila começou a trabalhar contra os seus aliados, suscitando novos níveis de conflito, ao alinhar-se com os Hutus da região. Depois do seu assassinato, em janeiro de 2001, o filho com 29 anos tomou as rédeas do poder.

No clímax dos conflitos no eixo do Congo, estavam envolvidos até nove exércitos. O mercado do diamante que prosperava em Kigali, apesar de o Ruanda não ter diamantes, acentuou a pilhagem dos recursos da RDC. Um relatório das Nações Unidas emitido em abril de 2001, acusa o Uganda e o Ruanda de pilharem diamantes, cobre, cobalto, ouro e coltan da RDC. Os comandantes zimbabueanos e angolanos que ajudaram Kabila tinham mesmo benefícios especiais sobre os espólios da guerra: receberam direitos de extração desses preciosos minérios nas zonas que defendiam[22].

Em muitos desses conflitos, as forças das Nações Unidas desempenharam o papel de forças de manutenção da paz e, em geral, não se envolviam diretamente nos combates, a não ser em autodefesa. Surgiram, contudo, acusações de que as forças de manutenção da paz lutavam ao lado das forças governamentais da RDC, na tentativa de expulsar as milícias das Forças Democráticas para a Libertação do Ruanda (FDLR) da RDC e de volta para o Ruanda. As Nações Unidas negaram cumplicidade nas atrocidades que se seguiram aos ataques. A Missão das Nações Unidas no Congo (MNUC) é considerada a maior missão de manutenção da paz da ONU no mundo, com 20 mil soldados e um orçamento de 1,4 mil milhões, em 2009[23]. A África já recebeu muito mais forças de manutenção da paz do que qualquer outra região. Das 32 operações levadas a cabo nos anos 90, 13 decorreram na África.

Não obstante, o terrível fracasso da ONU na Somália terá aparentemente levado a abrandar as despesas com os recursos e as intervenções noutras partes. Os analistas culpam os Estados Unidos do fracasso no estado somali, por terem encorajado o presidente etíope, Meles Zenawi, a invadir a Somália no início de 2007. Os

EUA ainda têm grandes interesses na situação desse país, uma vez que apoiam o governo de união nacional que, de alguma forma, supervisiona a nação. Na sua visita à África, em 2009, a secretária de estado dos EUA, Hillary Clinton, acusou a Eritreia de apoiar os militantes al-Shabab da Somália e que lutam para depor o governo de união nacional[24].

Esses consultores – entre os quais as empresas que compram grandes extensões de terra (tais como a Jarch de que já falaremos) – parecem ter uma predileção por trabalhar sobretudo em prol dos seus interesses e não dos interesses das nações que afirmam estar a ajudar. A África tem sido um espaço acessível onde os analistas de cenários podem ensaiar os seus sonhos. Há relatos de empresas mineiras que patrocinam grupos rebeldes, em países como a Serra Leoa. Os líderes rebeldes dão-lhes espaço para que possam saquear os recursos minerais da região, em troca de dinheiro para comprarem armamento e levarem estilos de vida extravagantes. Alguns países com regiões ricas em recursos ao longo das fronteiras, utilizaram as mesmas táticas. Tanto o Uganda como o Ruanda foram acusados de patrocinar conflitos transfronteiriços para se apoderarem dos recursos da RDC.

A Libéria sofreu uma das piores guerras civis. Para muitas pessoas, a história do país é feita à custa de diamantes de sangue. Para outros, a história está ligada à borracha – com a Firestone no cerne do problema. Mas há outro sector que não nos deve escapar neste país e que é o do ferro e aço, liderado pela Lamco, uma empresa liberiana, sueca e americana. Em 1989, no rescaldo da primeira guerra civil do país, encerrou. A ArcelorMittal, atualmente a maior entidade no sector do aço, a nível mundial, entrou no cenário em 2005, negociando a concessão de 25 anos para fazer extração mineira e desenvolver minério de ferro em torno da fronteira noroeste do país com a Guiné. Após duas décadas de feroz guerra civil, os liberianos davam graças pela recuperação da economia. A ArcelorMittal começou a negociar com o então Governo Nacional de Transição, apenas três meses antes das eleições democráticas e conseguiu o melhor acordo possível: o preço bagatela de $900 milhões. Esse negócio trouxe-lhes concessões extraordinárias, entre as quais o controlo sobre os direitos que teriam de pagar, porque, de acordo com a Friends of the Earth, o acordo de desenvolvimento mineral não "especifica o mecanismo de apreçamento dos minérios, o que permite que estes obtenham preços intra-empresariais e incentiva a Mittal a vender o minério a um valor abaixo de mercado a uma filial, reduzindo assim os direitos a pagar[25]".

Isto não é invulgar. O apreçamento erróneo corporativo facilita mais de 60% da fuga ilícita anual da África, calculada num mínimo de $148 milhões. A ArcelorMittal não só criou uma estrutura empresarial que protegia a empresa-mãe de ser responsabilizada pelas ações da subsidiária, como também recebeu direitos de exclusividade sobre duas grandes infraestruturas nacionais liberianas: uma linha férrea e o Porto de Buchanan. O governo liberiano só poderia utilizar o porto ou a linha férrea, caso sobrasse capacidade para tal, o que significava que a empresa tinha um estatuto quase governamental. Entre outras cláusulas altamente manipuladas, a ArcelorMittal poderia manter a sua própria força de segurança sem qualquer controlo externo, estava isenta das leis de defesa ambiental ou dos direitos humanos introduzidas na Libéria e tinha o direito de expropriar terras quase a seu bel-prazer[26]. Com efeito, num país que emergia de uma guerra civil mortífera, tratava-se de um cheque em branco para a brutal violação dos direitos da primeira geração (civil e política) e da segunda geração (económica, social e cultural).

Temos conhecimento desses problemas graças a organizações sem fins lucrativos corajosas como a Global Witness, autores do relatório "A pesada Mittal[27]", utilizado pelo governo da Presidente Ellen Johnson-Sirleaf como guia para a renegociação do contrato. A presidente tentou eliminar algumas das cláusulas mais exploratórias, incluindo a da utilização exclusiva da via férrea e do porto, bem como a da isenção temporária de impostos. Após intensas negociações, a nova legislatura liberiana assinou o novo acordo em dezembro de 2006 e ratificou-o em maio de 2007.

Apesar das melhorias, os impactos ambiental e social ainda são contestados. A zona concessionada fica entre o Monte Nimba, na fronteira com a Guiné e a Costa do Marfim. As encostas do Monte Nimba nos países vizinhos são reserva natural desde 1944 e, recentemente, uma área de cerca de 180km^2 também se tornou reserva natural, ao ser designada Património Mundial. Como reserva natural, é uma zona estritamente protegida e não aberta ao turismo. Curiosamente a encosta liberiana do monte não é uma zona protegida. Será o ferro mais forte do que a natureza e a vida? A perda da biodiversidade devido às atividades mineiras na região não é grande segredo, mas ninguém se dispõe a denunciá-lo.

Dada a taxa altíssima de desemprego, os liberianos que conseguem arranjar emprego na empresa metalúrgica não estão em condições de negociar salários justos. Segundo a Friends of the Earth, "trabalham seis a sete dias por semana no calor tropical e dormem em tendas no chão de contraplacado. Dão-lhes uma chávena de arroz e sopa por dia, bebem água do poço e retêm-lhes o ordenado devido a idas ao hospital[28]".

A Jarch apodera-se do Sul do Sudão

Outro caso revelador de extração destrutiva é o do Sul do Sudão, onde uma empresa americana muito lucrou com o colapso da nação. O que torna esse caso mais interessante é o facto de se suspeitar que a empresa esteja ligada ao Departamento de Estado do seu próprio país – e de tudo isto se poder tratar de uma fachada para um jogo de política externa. Enquanto a Jarch Capital se afirmava no Sul do Sudão, as empresas chinesas estavam presentes no norte e escavavam cada vez mais fundo.

Embora fosse ilegal fazer negócio no Sudão, a Jarch já lá operava muito antes da divisão do país em 2011. A empresa conseguiu um contrato de arrendamento a 50 anos de 400 mil hectares de terra arável no distrito de Mayo, do Sul do Sudão, de Matip Nhial, o sub-comandante-em-chefe do Exército de Libertação Popular do Sudão. Para além disso, a Jarch Capital detém 70% das ações de outra empresa detentora dos direitos de cultivo e processamento dos produtos para os mercados locais e de exportação. O lema da empresa, orgulhosamente exibido na sua página de acolhimento em 2011, é: "Porque é a SUA terra e são os SEUS recursos naturais!".

O presidente e administrador da empresa, Philippe Heilberg, declarou o seguinte, à *Oil Review Africa*:

> Somos uma empresa bastante singular num nicho singular, porque nos centramos em países da África que sofrem e podem sofrer mudanças de soberania, como mudanças nas fronteiras internacionais e a criação de novos países a partir dos atuais […] tentamos ser especialistas na geopolítica desses países que sofrem mudanças de soberania e estabelecer relações fulcrais com os líderes ou potenciais líderes do novo estado. Para além disso, tentamos assinar acordos de exploração dos recursos naturais com esses líderes ou potenciais líderes, ainda antes de eles se tornarem soberanos reconhecidos […] [A Jarch] acredita na capacitação das populações que realmente detêm os

recursos, por vezes explorados por outros. A Jarch procura trabalhar com a população, no desenvolvimento de estratégias que lhes garantam os direitos políticos e económicos à autonomia[29].

Segundo o investigador Sam Urquhart:

> A companhia apresenta na sua equipa de gestão um curioso elenco de ex-oficiais dos serviços secretos, *insiders* da era Clinton e guerreiros neoconservadores veteranos: Larry Johnson (ex-agente da CIA e frequente comentador nas notícias da TV cabo sobre terrorismo e temas afins); Gwyneth Todd, ex-consultora de Clinton nas questões do Médio Oriente; Joseph Wilson, ex-embaixador americano na Nigéria, notório pelo seu envolvimento nos preparativos para a guerra no Iraque; ao lado de Wilson, J. Peter Pham, um proeminente comentador neoconservador, sobretudo nas questões africanas; e, no cume da operação, Philippe Heilberg. Ele próprio tendo sido frequentemente descrito como multimilionário aventureiro, esteve no AIG e no Citibank (sem dúvida, um glorioso currículo) [...][30]

O plano de jogo da empresa no Sul do Sudão encaixa-se perfeitamente no nicho talhado para os empresários do conflito que procuram países em tumulto socioeconómico para lá montarem as tendas. Tal como se gaba o *website* da empresa, "desde 2002 que a Jarch aposta principalmente na África, como líder mundial no potencial de crescimento do desenvolvimento dos recursos naturais[31]". O Sul do Sudão tornou-se estado independente em julho de 2011 e a Jarch é um dos casos em que as empresas beneficiam em atiçar o fogo do conflito nos países africanos cuja divisão lhes serve os interesses.

Mas a Jarch não se fica por aqui, pois Urquhart explica:

> Cecil Rhodes teria sentido um verdadeiro orgulho. Aliás, o estratagema de Rhodes para reunir forças paramilitares com o intuito de dividir o estado Bóer em Transvaal antecipa-se ao da própria Jarch, num século ou mais. É imperialismo clássico. Na verdade, Heilberg fez uma leitura bastante idiossincrática da história imperial para se preparar para as suas aventuras africanas. Tal como disse ao repórter Barry Morgan, em fevereiro de 2008, "olho para a dissolução do Império Otomano, o colapso da União Soviética, as duas Guerras do Golfo e o desentendimento entre a Bósnia e a Herzegovina e vejo as coisas reverterem para um estado natural de equilíbrio, onde simplesmente não faz sentido que algumas nações se agrupem ou permaneçam no seu alinhamento prévio". Um ano depois, dizia aos jornalistas, "vários estados africanos, incluindo o Sudão, mas talvez também a Nigéria, a Etiópia e a Somália, poderão dividir-se nos próximos anos e os riscos políticos e legais que ele corre serão amplamente recompensados[32]".

A intratável natureza desses conflitos também assenta no facto de os recursos que acendem o conflito serem também aqueles que o mantêm vivo, porque assim que qualquer das partes da contenda puser as mãos nos recursos, passa a utilizá-los para lhes alimentar as máquinas bélicas e bater os seus tambores de guerra. Uma outra observação triste é que, por vezes, os combatentes se esqueçam da razão pela qual começaram o conflito e continuam a lutar mesmo depois desaparecida a causa.

5

Extração destrutiva

Estalam
Um milhão de explosões
Uma chuvada de fuligem
Em nervos à flor da pele
O petróleo não presta
Não presta o poço.
Agora que a terra arde, flamejante,
Para onde irão as pessoas?[1]

AS INDÚSTRIAS EXTRATIVAS gostariam de fazer todos crer que operam da mesma maneira, quer estejam na América do Norte, na Europa, na América do Sul, na Ásia ou na África. Sempre que surgem casos que contrariem essa imagem, algumas empresas transnacionais do setor da extração apressam-se a dizer que são meros bodes expiatórios e de modo algum as piores da sua área. Alguns atores da indústria disseram-me diretamente que, quando nos queixamos do comportamento das petrolíferas na Nigéria, só estamos a morder a mão que nos alimenta. Algumas chegaram mesmo a dizer que, sem operadores, a Nigéria morreria à fome e não seria nada, a não ser o gigante africano do papel.

A colossal companhia petrolífera Shell tem sido muito censurada pelo seu historial de atrocidades na Nigéria − e está sempre a protestar sobre isso. O seu maior problema é que, por mais que negue, os factos falam claramente por si. Podemos argumentar que a empresa não começou com a intenção de fazer o mal e que se o fez foi por ter sido inevitável e por não ter tido outra escolha. É um argumento que podemos apresentar. Mas não basta para aliviar a penalização devida ao penitente. A empresa declara que é produto do ambiente em que opera. E teríamos de concordar que o ambiente nigeriano é, em muitos aspetos, peculiar. Ninguém pode, no entanto, exigir absolvição, lançando as culpas para o ambiente político ou económico. Tal como diz a Human Rights Watch, "as empresas têm o dever de evitar ser cúmplices ou beneficiar da violação dos direitos humanos[2]".

Documentar a destruição extrativa

Sair da Nigéria, ou da África no seu todo, é uma das ameaças que as empresas fazem mas que dificilmente cumprirão, dados os lucros elevados que daí obtêm. Os oficiais da Shell na Nigéria reclamam que não é justo responsabilizarem-nos pelos problemas ambientais e sociais do Delta do Níger. Chegaram mesmo a apontar o dedo à concorrente Mobil, dizendo que, como operam sobretudo em plataformas offshore, os desculpam por ser um caso de "fora da vista, fora do coração". Para além disso, afirmam que a Nigéria só teria a perder se a Shell partisse, porque nenhuma outra empresa da área seguiria melhores padrões de saúde, segurança e ambientais[3]. Um estudo exaustivo[4] realizado pelo Professor Richard Steiner conclui que a Shell Nigéria opera bastante abaixo dos padrões internacionalmente reconhecidos de prevenção e controlo de derramamento de petróleo. E apresenta as seguintes razões:

- Falta de implementação de "boas práticas de campo petrolífero", no que respeita à gestão da integridade dos oleodutos (sobretudo às normas US IM, aos padrões API e aos requisitos de melhor tecnologia disponível do Alasca)
- Atraso na iniciação de uma revisão da integridade dos ativos (AIR) e de um sistema de gestão da integridade dos oleodutos (PIMS) para a Shell Nigéria que admite ter um atraso no seu programa de integridade dos ativos
- Adequação questionável da AIR e do PIMS da Shell Nigéria, bem como falta de supervisão independente
- Falta de referência e de atenção da parte da Shell Nigéria ao Delta do Níger como Zona de Consequência Elevada para os derrames de petróleo
- Falta de atenção adequada da parte da

Shell Nigéria ao Delta do Níger como zona onde as instalações petrolíferas são suscetíveis a danos intencionalmente infligidos por terceiros e que, por conseguinte, exigem procedimentos melhorados de controlo e integridade dos oleodutos

- Número, extensão e gravidade excecionalmente elevados de derrames de oleodutos no Delta do Níger, antes, durante e depois dos seus AIR e PIMS

- Falta de transparência na Shell Nigéria – o acordo de operação conjunta de AIR e PIMS e o plano de contingência em caso de derrame de petróleo deveriam aceitar avaliações realizadas por entidades independentes

- Falta de capacidade de resposta e desempenho adequadas da Shell Nigéria em relação a derrames de petróleo.

O relatório Steiner centra-se nos derrames de petróleo, mas apresenta-nos a imagem do que se passa, genericamente, nos campos petrolíferos. Bopp van Dessel, ex-diretor da Shell para os estudos ambientais na Nigéria, deixou a empresa em 1994, alegando frustração profissional devido à poluição extensiva e à violação das normas internacionais por parte da Shell. Terá mesmo dito: "Nem sequer cumpriam as suas próprias normas, quanto mais as normas internacionais. Todos os focos da Shell que vi estavam poluídos. Todos os terminais que vi, estavam poluídos[5]." Em bom rigor, a própria Shell admitiu que, na Nigéria, seguem padrões ambientais inferiores em relação à América e à Europa[6]. Para além disso, admitiu à Christian Aid que tanto a imagem da idade e da integridade dos seus oleodutos no Delta do Níger como a sua transparência (da Shell) estavam incompletas, face às normas industriais[7]. A Tabela 2 indica a taxa de falhas nos oleodutos das regiões selecionadas e demonstra claramente que as operações da empresa na Nigéria pertence a uma categoria muito própria e que de modo algum se alinha com as normas internacionais.

Dados o número e a regularidade da ocorrência de derrames de petróleo nenhuma das empresas que operam no Delta do Níger pode afirmar seguir padrões aceitáveis. Muito embora os registos de derrames de petróleo sejam divergentes, dependendo da fonte, todos apresentam volumes incrivelmente elevados de toxinas libertadas no ambiente. Combinados, põem a um canto o internacionalmente famoso derrame da Exxon Valdez, em 1989. Esse derrame afetou 2000km de linha costeira, dos quais 320km foram afetados de forma acentuada ou moderada.

Tabela 2 Comparação das taxas de falhas em oleodutos a nível mundial[8]			
Região	Produto	Taxa de falhas por 1000km-anos	Ano
Estados Unidos	Gás	1,18	1984-92
Estados Unidos	Petróleo	0,56-1,33	1984-92
Europa	Gás	1,85	1984-92
Europa	Petróleo	0,82	1984-92
Europa Ocidental	Petróleo	0,43	1991-95
Europa Ocidental	Gás	0,48	1991-95
Canadá	Petróleo e gás	0,35	N/A
Hungria	Petróleo e gás	4,03	N/A
Nigéria	Petróleo	6,40	1976-95

Vinte anos depois, ainda se encontram vestígios do derrame pela linha costeira[9].

A conceituada professora nigeriana de lei ambiental, Margaret Okorodudu-Fubara calcula que 2105993 barris de crude tenham sido derramados no ambiente do Delta do Níger, entre 1976 e 1990. num total de 2800 incidentes[10]. Entre os mais graves, inclui-se a rotura do terminal de Forcados da Shell em 1979, onde 570 mil barris foram derramados no estuário e rios adjacentes.

A Texaco teve o seu momento, em 1980, em Funiwa, onde 400 mil barris de crude foram vertidos nas águas costeiras e destruíram 340 hectares de mangais. O grande derrame da Mobil registou-se em janeiro de 1998, quando a plataforma de Idoho libertou 40 mil barris de crude na costa atlântica, afetando pelo menos 22 comunidades costeiras[11]. No processo judicial que se seguiu, a Texaco teve de estabelecer acordos à margem dos tribunais com as comunidades afetadas.

Em outubro de 2009, a Nigerian National Oil Spill Detection and Response Agency (NOSDRA)[12] anunciou que se tinham registado 2122 incidentes de derrame de petróleo entre 2006 e 2009. A perda de crude foi calculada em 66696 barris. Ocorreram 252 derrames em 2006, 597 em 2007 927 em 2008 e registaram-se 346 casos entre janeiro e junho de 2009[13].

Tabela 3 Derrames de petróleo registados no Delta do Níger em 23 anos (1976-1998)[14]

Ano	Número de	Volume em barris
	derrames	de petróleo
1976	128	26157
1977	104	32879
1978	154	489295
1979	157	694117
1980	241	600511
1981	238	42723
1982	257	42841
1983	173	48351
1984	151	40209
1985	187	11877
1986	155	12905
1987	129	31866
1988	208	9172
1989	195	7628
1990	160	14941
1991	201	106828
1992	367	51132
1993	428	9752
1994	515	30283
1995	417	63677

1996	430	46353
1997	339	59272
1998	390	98272
Totais	**5724**	**2571114**

A região do Delta do Níger é conhecida por ser uma das zonas mais poluídas da terra. As provas físicas de degradação fazem dessa reputação um dado adquirido. Encomendado pela Shell Production Development Company (SPDC ou Shell) nos anos 90, o Niger Delta Environmental Survey (NDES) talvez seja uma das auditorias ambientais mais abrangentes feitas à região. Os resultados não foram tornados públicos, porque a Shell optou por fechar os relatórios a sete chaves.

Depois de o governo federal da Nigéria ter encomendado o Programa das Nações Unidas para o Ambiente (PNUA) para avaliar o estado do meio ambiente de Ogoniland, contudo, conseguiu-se finalmente ter um relatório sobre um segmento do Delta do Níger. A avaliação demorou 14 meses e o relatório foi entregue ao Presidente Goodluck Jonathan da Nigéria, a 4 de agosto de 2001. Seguem-se algumas das principais descobertas:

> Em pelo menos dez comunidades ogoni, onde a água potável está contaminada com níveis elevados de hidrocarbonetos, a saúde pública sofre uma grave ameaça [...] Numa comunidade, em Nisisioken Ogale, na parte ocidental de Ogoniland, as famílias bebem água de poços contaminados com benzeno – um conhecido cancerígeno – a níveis 900 vezes superiores aos das diretrizes da Organização mundial de Saúde. O local é próximo de um oleoduto da Nigerian National Petroleum Company. Os cientistas do PNUA encontraram uma camada de petróleo com 8cm de espessura a flutuar no lençol freático que serve os poços. Esse facto estaria ligado a um derrame de petróleo que ocorreu mais de seis anos antes.

Embora o relatório forneça recomendações operacionais claras para abordar o problema da poluição petrolífera generalizada na região de Ogoniland, o PNUA considera que a contaminação de Nisisioken Ogale merece um tratamento urgente e não simples esforços de remediação.

Se, por um lado, alguns resultados possam ser imediatamente visíveis no terreno, por outro, o relatório geral calcula que o processo de combater e limpar a poluição e de catalisar a recuperação sustentável de Ogoniland poderá levar entre 25 a 30 anos[15].

Apesar de o relatório não ter sido muito conclusivo, em termos de impacto para a saúde e as colheitas, os factos que expôs foram bastante alarmantes. Os investigadores descobriram, por exemplo, poluição com hidrocarbonetos até 5m de profundidade nos solos de Ogoniland.

Ao lermos o relatório do PNUA e sabendo que se deixou de fazer exploração petrolífera em Ogoniland em 1993, é fácil deduzir que outras comunidades do território do Delta do Níger terão sofrido os mesmos danos ou mais, tendo em conta que ainda ocorrem eventos poluentes, entre os quais, a libertação de substâncias tóxicas pelas muitas queimas de gás.

Há quem ponha em causa os ângulos mortos do relatório do PNUA. Por exemplo, o Professor Richar Steiner assinala:

O relatório do PNUA dedica várias páginas (161-166) especificamente à refinação artesanal feita no campo petrolífero da parte ocidental de Bodo e regista acertadamente um lamentável aumento entre 2007 e 2011. Nessa análise da poluição petrolífera nessa região, porém, o PNUA ignora totalmente a outra fonte muito superior de derrames de petróleo nessa mesma região e nesse mesmo período de tempo – as duas roturas do Oleoduto TransNigeriano (TNP), provocado por negligência da SPDC, em 2008 e 2009. Juntos, esses derrames contribuíram com entre 250 mil e 350 mil barris de petróleo nesses sistema – ordens de magnitude superiores aos da refinação ilegal. Uma boa parte do petróleo encontrado na zona ocidental de Bodo será proveniente dos derrames do TNP de Bodo[16].

O coração das trevas

Ao mudar-se para a bacia do Congo, a riqueza mineral captou a atenção dos poderes imperiais ao longo de várias gerações. Os ricos depósitos encontrados aí ajudaram a engordar as contas codificadas de déspotas e ajudaram a alimentar de forma vil a corrupção e a violência. No meio dos desafios políticos da região, os investidores de capital de risco aprenderam a detetar oportunidades no caos, o que é obviamente fácil se participarmos na orquestração desse caos. A região continua a atrair as empresas mineiras, porque elas podem proceder à extração através dos métodos mais baratos: extração a céu aberto e utilização de mão-de-obra barata e submissa, depois de anos de repressão por regimes tirânicos. Diz-se que o Presidente Mobutu detinha pessoalmente uma das minas de ouro de Haut-Zaire, enquanto mantinha debaixo de olho as operações da Société Minière.

A região de Katanga proporcionava um bom ponto de entrada para a Union Minière (UM) que era caracterizada como "o protótipo do colonialismo" nos anos 30. Por altura da independência, o protetorado belga deixara a Moise Tshombe um sistema antidemocrático na sua ex-colónia. Embora, em 1967, já tivesse saído do país, a UM manteve uma sólida participação na empresa congolesa GEOCOMIN, bem como direitos lucrativos nesse empreendimento até aos anos 80. Como cereja no topo, diz-se que o presidente da UM, Edward Sengier, se apropriou de urânio da mina de Shinkabalowe que enviou para os EUA em 1940. Crê-se que o urânio congolês tenha acabado na tragédia de Hiroxima e Nagasaki, cinco anos depois[17].

Apesar do saque que sofreu, durante anos a fio, a República Democrática do Congo (RDC) ainda tem uma enorme reserva de cobre e é um importante fornecedor de cobalto. O país também tem boas jazidas de ouro, ainda que a sua extração seja artesanal e feita sem grandes cuidados com peneiras.

Os novos códigos que regem a extração mineira permitem generosos incentivos que, em geral, incluem uma tributação fiscal e pagamentos de direitos mais leves. Ademais, dificultam as condições para a concorrência das empresas locais, o que sugere que essas táticas visam atrair o investimento estrangeiro direto.

O Zimbabué – desenterrado

Se, por um lado, as companhias mineiras parecem não recear as zonas de conflito, por outro, algumas já se mostram cansadas de estar associadas a determinadas figuras políticas. Parece ter sido o caso da Rio Tinto plc, quando esta não foi capaz de identificar onde se situavam precisamente as suas minas de diamantes de Murowa, na África. As minas localizam-se efetivamente no Zimbabué, mas, dados o historial de atentados aos direitos humanos do Presidente Mugabe, as suas singulares políticas económicas e os seus estratagemas não tão invulgares para vencer as eleições, é compreensível que a Rio quisesse ocultar um pouco a situação. Um comunicado à imprensa emitido pela empresa a 29 de maio de 2008 prestou informações gerais, como por exemplo, que a mina de diamantes de Argyle se situa na Austrália, a mina de Diavik, no Canadá, e a de Murowa simplesmente "na África[18]". Poderiam eles ter-se esquecido de onde se localizava a mina de Murowa que contribuía com mil milhões de dólares para o seu negócio de diamantes?

O leitor ficaria com os cabelos todos eriçados, se soubesse a história do Zimbabué e dos seus diamantes. As forças de segurança privadas e públicas tratam os zimbabueanos pobres que trabalham nas minas – tais como a que foi descoberta em Marange, em 2006, que se calcula ter diamantes no valor de $800 mil milhões[19] – de uma forma brutalmente exploratória. Mais recentemente, o programa *Panorama* da BBC revelou que um campo de tortura conhecido como "Base dos Diamantes" – um agrupamento remoto de tendas encerradas por uma vedação de arame farpado – aprisionava mineiros e que eram subsequentemente torturados. Segundo as declarações que um prisioneiro libertado prestou em anonimato à BBC, "davam-nos 40 chicotadas de manhã, 40 ao início da tarde e 40 ao fim da tarde". Por causa dos espancamentos que sofrera, o homem ainda não fazia uso de um braço e mal conseguia andar. "Batiam-me aqui, nas solas dos pés, com troncos, quando estava caído no chão. Também me agrediam com pedras nos calcanhares[20]."

O Zimbabué teve a sua quota pare de desafios políticos e esquemas com diversos atores e jogadores. O acordo de partilha de poder entre o Movimento para a Mudança Democrática (MMD) – o principal partido de oposição zimbabueano – e o ZANU-PF de

Mugabe, pouco fez para insular a nação contra as garras da extração destrutiva. Enquanto a questão da terra permanece controversa no Zimbabué, o aumento da exploração de diamantes, sobretudo por interesses chineses, trouxe novos problemas.

Um dos mais notórios atores chineses nos campos de diamantes de Marange, no Zimbabué, é o China International Fund (CIF) – uma entidade privada chinesa com reputação de ser o maior investidor estrangeiro que se conhece no país[21]. O CIF estabeleceu a sua base nem Hong Kong, como seria conveniente, pois aí a jurisdição sobre o sigilo permite o desenvolvimento de uma enorme rede de mais de 30 subsidiárias opacas, conhecidas como o "88 Queensway Group[22]".

Embora Hong Kong não permita o sigilo bancário, as empresas sob a sua jurisdição não são obrigadas a fornecer informações detalhadas sobre os fundos, a propriedade das empresas, ou a propriedade beneficiária nos registos públicos e oficiais[23]. Especula-se que o CIF esteja intimamente ligado ao estado chinês, através de oficiais de porta giratória e financiamentos pela porta do cavalo, comércio de recursos e beneficiários ocultos. Os oficiais chineses negam essas suspeitas e insistem em que não existem quaisquer ligações oficiais com o CIF.

Já as ligações da empresa como outro estado africano, Angola, são menos fáceis de negar. Diz-se que oficiais importantes do CIF estão envolvidos com oficiais angolanos, como Manuel Vicente, presidente do conselho e alto funcionário da empresa petrolífera estatal angolana, Sonangol, pelo menos em nove coempreendimentos, sob a égide da China-Sonangol. Vicente também é conhecido por gerir a maior operadora telefónica do país, a Unitel, com a filha do presidente, Isabel. Para além disso, de acordo com a informação prestada por um ex-oficial superior do governo, crê-se que o CIF tenha financiado $2,9 mil milhões a projetos de construção angolanos, administrados pelo Gabinete de Reconstrução Nacional de Angola. O ditador vitalício de Angola, Eduardo Dos Santos, foi colega de Xu Jinghua, líder da CIF e alegadamente traficante de armas do Zimbabué[24], numa academia militar da União Soviética[25].

É interessante o facto de haver suspeitas de que a China-Sonangol e o CIF tenham investido $7 mil milhões na Guiné e oito mil milhões no Zimbabué[26]. Constituída como Sino-Zim Diamond Limited, com sede em Hong Kong, a empresa Sino-Zimbabué torna bem patentes as ligações íntimas entre o magnata internacional dos diamantes, Lev Leviev, o governo angolano e o CIF.

A Anjin é outra empresa que extrai diamantes no Zimbabué.

Coempreendimento, começou a operar em 2009 e detinha dez mil hectares de terra em Chirasika, em Marange. Posteriormente, descobriria novas jazidas de diamantes em Chiadzwa, num sítio a que os mineiros locais chamam Jesi. As terras da empresa depressa chegaram aos 30 mil hectares. Para além disso, operava com recurso a um espesso escudo militar. Com efeito, os habitantes locais suspeitam que alguns dos trabalhadores chineses das minas sejam mesmo militares.

Não restam dúvidas, porém, de que os gestores de topo da Anjin gerem as minas como uma formação militar. Talvez para facilitar as relações entre os zimbabueanos e os chineses, a empresa pratica duas formas de administração, com os chineses a tratarem das suas próprias questões em termos de gestão de pessoal e os militares zimbabueanos a encarregar-se das questões de segurança.

A falta de transparência das operações nos campos de diamantes é captada nos relatórios, onde se afirma o seguinte:

> Em janeiro de 2011, o presidente pronunciou-se na conferência dos chefes, em Kariba, informando-os sobre a situação em Marange e salientando que a empresa não começara a extrair diamantes em Chiadzwa, porque estava a construir habitações para realojamento, na região de Arda Transau, em Odzi. Um mês depois – em fevereiro – o governo anunciou que a empresa tinha armazenado um milhão de quilates a aguardar certificação do PK [Processo de Kimberley][27].

Numa situação destas, não é de modo algum surpreendente que só possamos especular acerca do volume de diamantes aí extraídos.

O zimbabueano Farai Maguwu, investigador de diamantes e ativista dos direitos humanos que se encontra detido e que, de acordo com a revista *The Economist*, era uma fonte de "primeira categoria", dirige o Centre for Research e Development (CRD), sediado em Marange. Diz:

> Embora não me possa comprometer, mencionando nomes, as nossas observações indicam que alguns oficiais militares de alta patente e políticos bem posicionados estão

diretamente envolvidos nas operações mineiras que decorrem em Anjin. O envolvimento do exército na exploração mineira de diamantes em Marange é a coisa mais triste que aconteceu à descoberta do século[28].

Maguwu foi detido como inimigo do estado em 2010, por estar alegadamente a "ameaçar a segurança nacional", tendo informações relacionadas com as brutais violações dos direitos humanos pelos militares zimbabueanos nas minas de diamantes de Marange[29]. A detenção ocorreu quando Maguwu se ia encontrar com o supervisor nomeado do Processo Kimberley, Abbey Chikane. Simplesmente caiu nos braços dos oficiais dos serviços secretos do país que também estavam à sua espera. Chikane alegou que seria ilegal não informar o estado. As acusações levantadas contra Maguwu acabaram por ser retiradas, após uma considerável pressão internacional levada a cabo por ONG internacionais e movimentos da sociedade civil, entre os quais a Global Witness.

eGoli, na África do Sul

Em termos históricos, dizia-se que a África do Sul tinha ruas feitas de ouro. Na verdade, chama-se "eGoli", a Joanesburgo, que significa a cidade de ouro. Isso porque, por um lado, a província de Gauteng, onde fica Joanesburgo, contribui com mais de 30% do PIB da África do Sul e, por outro, porque a própria cidade produziu cerca de 45 mil toneladas de ouro – primeiro para colonialistas como Cecil Rhodes que explorava os recursos em nome da Coroa Britânica e, depois, por multinacionais, como a Anglo American, apoiadas pelo governo do *Apartheid* e, mais à distância, os EUA e o RU, seus parceiros na exploração.

Agora, com publicações comerciais entre as quais a *The Africa Report* a apresentar cabeçalhos como "As empresas lucram com a água tóxica[30]", está na altura de as pessoas se erguerem para prestar atenção. Um artigo publicado na referida revista, dizia que, para além da exploração física dos recursos, existia uma maldição dos recursos bem mais devastadora: a poluição ambiental, sobretudo, a drenagem ácida de minas (DAM). Caracterizada por uma elevada acidez, metais pesados, ais e sulfatos, 40 milhões de litros de DAM tóxica, radioativa e altamente corrosiva escorreram para o ecossistema local, contaminando os lençóis freáticos. O artigo declarava que, em 2002, a Bacia de West Rand começou a decantar das suas minas subterrâneas, vertendo acima e abaixo do solo, para os túneis e as cavidades mineiras interligadas. Embora a projeção tenha sido feita em 1996, a inação do governo permitiu que as empresas mineiras – utilizando apenas 7% da água mas provocando 75% de poluição no ambiente escasso em água da África do Sul – omitir os custos da poluição, classificados como "externalidades[31]".

Muitas vezes, os movimentos da sociedade civil e as ONG são criados para representar as realidades e os "interesses" de "interessados externos". Mas, desta vez, o caso era tão evidente que até o hidrólogo Garfield Krige, ex-técnico hídrico da mineira JCI que fez parte da equipa ambiental que realizou a investigação, afirmou abertamente que "para além de inúmeras reuniões e debates sobre as questões em torno da DAM, na realidade, desde 1996 que ainda não se fez nada[32]".

Krige revelou igualmente que, com as suas atitudes, o governo ajudou potencialmente as mineiras a abandonar as minas ou a vender/transferir os bens e as responsabilidades (incluindo a DAM) a novos proprietários. As empresas ativas como a DRD Gold justificam essa postura, rejeitando a responsabilidade pelo problema histórico da poluição, uma vez que só ocuparam a minha durante 5% do seu tempo de operação e só extraíram 0,5% do número total de toneladas extraídas.

Até o ex-diretor-geral do Departamento de Assuntos Hídricos e Florestais Mike Muller disse à revista que a submissão da DRD para com a Security Exchange Commission em Nova Iorque revelava "responsabilidades financeiras substanciais e alertava para o facto de os problemas ambientais relacionados com a gestão da água serem talvez a maior responsabilidade que a empresa enfrentava". A DRD Gold declarou recentemente lucros na ordem dos 100 milhões de Rands, na sua maioria provenientes da venda de minas velhas – que incluíam responsabilidades ambientais.

Até agora, qual é o total a pagar calculado pela poluição hídrica? O relatório "Equações energéticas de H_2O-CO_2 na África do Sul" da Africa Earth Observatory Network (AEON) calcula "que o tratamento e a dessalinização da água para resolver o problema da DAM custariam 360 mil milhões de Rands e demorariam 15 anos[33]".

Quando o Departamento de Assuntos Hídricos (DAH) do governo sul-africano publicou os resultados de um relatório especializado de avaliação da ameaça apresentada pela DAM, as palavras utilizadas foram, "uma questão urgente". O governo procedeu à canalização de fundos para a bombagem e o tratamento da água das minas nas bacias ocidentais, orientais e centrais. Mas muitas das empresas em causa, do passado e do presente, vivem em negação. A associação do comércio agrícola da África do Sul conhecida como AGRI-SA e que representa mais de 70 mil agricultores comerciais, declarou publicamente: "Sabemos que a África do Sul é uma terra com poucos recursos hídricos e, se permitirmos que nos contaminem os lençóis freáticos, teremos graves problemas."

É evidente que a maquinaria do setor da extração se preocupa sobretudo com os lucros e, enquanto empilham toneladas de metais "preciosos", pouca atenção preciosa se presta às consequências das suas atividades.

Amor de ferro

Um pouco antes de ter dado o seu último suspiro como presidente da Guiné, Lansana Conte enviou uma carta distintamente hostil – e inesperada –, revogando a licença dos interesses da empresa de extração mineira, Rio Tinto, nas minas ricas em ferro da cordilheira Simandou. O projeto contava com o total apoio da Sociedade Financeira Internacional (SFI)[34] – o braço de concessão de crédito ao sector privado do Banco Mundial – que investira $35 milhões num empreendimento de extração de ferro. Também não era uma época fácil para a SIF que, entretanto, explorava a possibilidade de investir $500 milhões num projeto maciço de produção de alumínio no país. A parceria íntima ou casamento entre as empresas transnacionais e as instituições financeiras internacionais não poderia ter melhor ilustração do que neste caso em que, face à incerteza, a Rio Tinto poderia falar não só em seu nome, mas também em nome da SIF. Antes de a SIF se poder pronunciar, a Rio Tinto declarou que ela e a SIF "mantêm o compromisso para com o projeto[35]". Com um valor que ascende aos $6 mil milhões, é fácil perceber porque é que a SIF não hesitaria em ir para a cama com o barão da extração mineira. Entretanto, os investidores chineses já espreitavam pela frincha da porta. Os oficiais guineenses que supervisionavam estes negócios tinham de dormir com um olho aberto e outro fechado, porque, no espaço de uma semana, Conte despediu o oficial que levantou questões sobre o acordo de Simandou, promoveu-o e, depois, despediu-o novamente.

É interessante observar que um oficial da Transparency International (fundada por um ex-oficial do Banco Mundial) se alinhou com uma empresa mineira, dizendo que a Guiné "perderia todos os benefícios" e que "o grande perdedor no cancelamento do projeto seria a população pobre da Guiné". Não era claro se os pobres da Guiné ganhariam ou não com esse projeto e quais seriam os benefícios. Naquela altura, a Transparency International classificava a Guiné como um dos países mais corruptos do mundo. E, apesar disso, aquele oficial acreditava que esse mesmo sistema poderia proporcionar bens públicos?

Com a entrada da junta militar na equação do poder da Guiné, a Rio Tinto talvez tenha pensado que as coisas se tornariam novamente boas. Esperava-a um grande choque, quando a junta cedeu metade dos acres da empresa a uma empresa mineira rival, a BSG Resources, detida pelo multimilionário israelita Beny Steinmetz[36]. A batalha pelo controlo da extração mineira na zona da cordilheira ficou ao rubro. A Rio Tinto insistiu em que detinha direitos de exclusividade sobre toda aquela área, mas o governo guineense não caiu na conversa e declarou secamente que a sua decisão era definitiva. Embora a empresa reiterasse a necessidade de toda a zona para a viabilidade do projeto, os observadores acreditavam que o problema da Rio Tinto era sobretudo o facto de a metade do território entregue à BSG Resources ser a mais rica em recursos.

Na luta para manter os direitos de extração mineira sobre toda aquela zona, a Rio Tinto também utilizou as comunidades locais pobres para intervir em nome da empresa junto do governo, com o pretexto de alguns dos aldeões trabalharem na empresa e, portanto, correrem o risco de perder o emprego se esta não operasse aí. Noutras defesas públicas, a Rio Tinto afirmava que a sua concessão ocupava apenas 738Km^2, enquanto que a da outra empresa sem nome ocupava 3333Km^2. Diziam também que a área de concessão da Rio Tinto só representava uma fração do registo de mais de 20000km^2 de exploração de minério do ferro galardoado a outras empresas da Guiné[37].

Em março de 2011, o *Financial Times* louvou o trabalho do novo presidente da Guiné, Alpha Conde, que pusera fim a duas décadas de corrupção e ditadura brutais[38]. Entre os apoiantes mais poderosos de Conde contava-se George Soros, descrito como o seu "conselheiro filantropo multimilionário" que o ajudava a conceber novos códigos para a extração mineira. Outros, como Mamadou Sylla, um dos homens mais ricos da Guiné, conhecido traficante de armas e ex-apoiante de Conte, têm interesses menos respeitáveis.

A corrupção é um grande negócio na Guiné: o golpe militar de 2008, sob encabeçado pelo Capitão Moussa Dadis Camara facilitou o sector público, fazendo 85 contratos, no valor de $1,5 mil milhões[39]. Apenas três deles cumpriram as regras dos concursos públicos. Até ao golpe, mantendo uma relação amigável com Conte, Camara era pouco conhecido fora das unidades militares em que se movimentava. Que razões tinha para realizar o golpe? "Depois da morte do presidente, não tinha escolha: ou controlava ou deixava o país [...] se [na altura líder das forças armadas guineenses Diarra] Camara tomasse o poder, teria de ser forçado ao exílio, para fugir à morte certa[40]!"

Olhando para o panorama geral, o presidente guineense Alpha Conde, o primeiro líder democraticamente eleito do país, parecia voltar-se firmemente na direção da justiça. Mas a letra miudinha revelava outra realidade: mais de 42% de todos os concursos públicos dos 85 foram concedidos a Kerfalla Person Camara, à cabeça da construtora Guicopress[41]. O partido de Conte, Rassemblement du Peuple de Guiné (RPG) era largamente financiado por Kerfalla[42].

Em julho de 2011, Conde evitou por um triz uma tentativa de assassinato, num ataque à sua residência. Expressou a sua gratidão à guarda presidencial que lhe defendeu heroicamente o complexo[43]. "Os nossos inimigos não poderão travar o progresso da Guiné", disse Conde, considerado responsável por por fim aos dois anos de domínio da junta militar. Apesar disso, de acordo com um jornalista do *Africa News*, sediado em Conakry, "os protestos dos partidos de oposição da Guiné foram violentamente reprimidos pelas forças de segurança em Conakry. Na terça-feira, as forças de segurança cercaram as zonas onde os líderes da oposição e outros se iriam reunir, para fazerem uma marcha de protesto pacífica, contra as exigências do regime de Alpha Conde[44]".

Por falar em exploração, muito poucas situações se poderiam equiparar ao espetáculo descarado feito na comunidade de Luhwindja, na província de Kivu do Sul, da RDC. A ocasião marcava a abertura oficial de uma escola secundária com capacidade para 150 alunos. Nesse mesmo dia foi encomendado o projeto de um sistema de água potável. Tratou-se de um espetáculo vergonhoso, por dois motivos. Em primeiro lugar, porque as instalações foram oferecidas pela Barno Foundation – o braço de caridade da empresa de extração mineira canadense, Barno Corporation – cujo projeto de extração de ouro em Twangiza, totalmente detido pela empresa, se situa perto de Luhwindja. Em segundo lugar, porque era a primeira escola secundária a ser construída não só na comunidade, mas também na região inteira. E o fornecimento de água serviria uma população de 18 mil pessoas, em quatro aldeias. A questão era saber por onde andara o governo? Diz-se que o governo central está muito afastado de Luhwindja; e o governo provincial, onde estivera?

A 8 de maio de 2009, uma multidão saiu às ruas para ver os oficiais do governo que provavelmente nunca aí tinham ido. De entre os dignitários presentes destacavam-se: o Honorável Celestin Mbuya, ministro da segurança e da administração interna da RDC; o Honorável Louis Leonde Muderwa, governador da província de Kivu do Sul; Jean Claude Mashini, diretor-adjunto do gabinete do primeiro-ministro da RDC; Emile Baleke, o presidente da Assembleia Provincial de Kivu do Sul; Aurelie Bitondo, ex-vice-governadora de Kivu do Sul e conselheira do primeiro-ministro; Yav Tshibal, vice-governador da província de Katinga; Colete Makila, ministra das minas de Kivu do Sul; e Esperance Baharanyi, Mwamikazi (mãe do chefe tribal) e membro da Assembleia de Kivu do Sul por Luhwindja. Estavam também presentes deputados federais e provinciais, bem como mais de 15 chefes tribais. Uma grande delegação de funcionários da Banro era liderada pelo presidente e CEO Mike Prinsloo[45].

Que benevolente deve ser a Banro, sentir-nos-íamos nós tentados a dizer. Até pensarmos em todas as implicações da sua presença na região. A empresa terá alegadamente feito um acordo com uma infame milícia violenta que desempenhou um papel importante no genocídio do Ruanda, em 1994. Quem sabe como as coisas funcionam nessas áreas diz que a Banro não teria outra alternativa senão associar-se ao grupo da milícia, conhecida como FDLR, ou as Forças Democráticas de Libertação do Ruanda, se quisesse escavar em segurança milhares de milhões de dólares em ouro para si própria e para os seus investidores. A Banro detém quatro minas na província oriental de Kivu do Sul, na RDC, uma terra inóspita de selvas, vulcões e milhões de congoleses pobres. A Banro calculava extrair dez milhões de onças de ouro na região e fazer $10 mil milhões, se o preço do ouro permanecesse à volta dos $950/onça. Com uma legislação ambiental mais severa no país de origem e os fundos a chegarem prontamente da Bolsa de Valores de Toronto, as empresas mineiras do Canadá dirigem-se às nações onde, como disse John Lasker, "as leis ambientais são fracas e os políticos baratos[46]".

A Banro é acusada de entrar em acordo com a FDLR para poder extrair milhões de dólares em ouro, à custa de um verdadeiro reino de terror, com o grupo de milícia a atacar agressivamente a população civil, com homicídios, violações, tortura, extorsão, raptos e tributação forçada. Dois líderes do FDLR, Ignace Murwanashyaka e Straton Musoni[47], foram detidos na Alemanha, nos finais de 2009, e o líder de outro grupo violento, o General Laurent Nkunda, foi detido no início de 2009. Enquanto Ignace Murwashyaka e Straton

Musoni foram presentes ao Tribunal Internacional de Justiça em maio de 2011, acusados de crimes contra a humanidade, não ficou claro se as autoridades ruandesas alguma vez permitirão que o General Nkunda se sente no banco dos réus. Até agora, a paz tem sido apenas episódica nestas partes, uma vez que as guerras dos recursos arrastam muitos países e diversos grupos de milícia. Espera-se que a detenção de alguns líderes possa quebrar esse ciclo.

Mais a sul, a RDC mantém-se alerta, ao longo das fronteiras com a Angola. A tarefa de manter boas relações de vizinhança pode ser muito onerosa. No início de 2009, a Angola terá investido $13 milhões na incrementação das patrulhas militares nas fronteiras com a RDC para travar o fluxo de imigrantes ilegais, alguns dos quais vêm de locais tão distantes como o Senegal. Com uma fronteira terrestre de 2000km, o que não falta são motivos para escaramuças entre vizinhos. E as tropas angolanas são conhecidas por fazer incursões na RDC, sob o pretexto da necessidade de controlar o afluxo de imigrantes ilegais no seu território[48].

Quinto maior produtor mundial de diamantes, Angola só permite a exploração dos diamantes a empresas parceiras da empresa estatal Endiama. Tomam-se medidas duras contra os imigrantes, sob o pretexto do combate ao tráfico de diamantes.

Bem longe, nos EUA, tanto a Câmara dos Representantes como o Senado aprovaram uma lei para proibir a entrada desses minérios manchados de sangue no país. Reconhecendo que os minérios alimentam conflitos, sobretudo na bacia do Congo, a lei bipartidária em causa[49] exige que as empresas americanas identifiquem e revelem as origens dos minérios utilizados nos vulgares aparelhos eletrónicos, como telemóveis e computadores portáteis. Falamos de lata, tântalo, tungsténio, entre outros. Se os minérios vierem da RDC, os importadores são obrigados a revelar a mina de origem[50].

O apelo do ouro, da cassiterite e do coltan da RDC era tal nos anos 90 que o Uganda e o Ruanda invadiram o país com os seus próprios exércitos e milícias contratadas. Os minérios afetam diretamente a paz nos territórios fronteiriços. Em 2000, segundo John Lasker, o exército ruandês e alguns políticos...

> ... ganharam $250 milhões, levando coltan da parte oriental da RDC para as empresas de extração mineira e os comerciantes de metais ocidentais que, depois, o vendiam a empresas de fabrico de peças para outras, como a Sony e a

Motorola. Processado, o coltan torna-se
tântalo em pó que é utilizado no fabrico de
condensadores – condensadores necessários
para os tão prezados telemóveis, consolas
de videojogos e computadores da
tecnologia pessoal no Ocidente[51].

Infelizmente, o saque do continente traduz-se diretamente em
perda de vidas, como no caso da RDC, onde a demanda dos
aparelhos eletrónicos pessoais já terá custado a vida a entre três a
cinco milhões de congoleses e outros africanos.

Enquanto os EUA legislam, as autoridades da RDC analisam
mais atentamente os negócios feitos durante a guerra de 1998-2003 e
sob o governo de transição. Como seria de esperar, nesses tempos
difíceis, os contratos assinados não seguiram trâmites muito
transparentes. Quando o governo decidiu rever os contratos em 2007,
nem todas as empresas o conseguiram convencer da sua seriedade na
condução dos negócios. Faltavam, entre outras coisas, estudos de
viabilidade dos seus empreendimentos em torno do cobre, do ouro
ou dos diamantes.

Nessa revisão feita aos contratos de exploração mineira, o
governo cancelou o projeto da mineira canadense Kingamyambo
Musonoi Tailings (KMT) no centro de extração de cobre e cobalto
de Katanga, em agosto de 2009. A mina de cobre Tenke Fungurume
(TFM) da Freeport-McMoRan também não conseguiu obter uma
boa classificação, o que levou os seus oficiais da sede nos EUA a
acorrerem imediatamente à RDC para tratar do assunto[52].

Diz-se como muita razão que o Delta do Níger na Nigéria é uma
das regiões mais poluídas por hidrocarbonetos do mundo. As provas
contidas no solo, nas águas e no ar confirmam-no a qualquer pessoa.
Existem, contudo, outros locais tóxicos de que pouca gente ouve falar.
De acordo com um relatório publicado pelo Blacksmith Institute de
Nova Iorque, em 2006, a cidade mineira de Kabwe, na Zâmbia,
tornou-se uma das dez cidades mais poluídas no mundo. Encerrados
em 1994, a mina e o fundidor já não funcionam, mas, segundo o
instituto:

deixaram a cidade envenenada com teores
debilitantes de chumbo no solo e na água,
derivantes dos depósitos de escória
abandonados e autênticos monumentos aos
tempos de extração e fundição mineiras.
Um estudo revela que a dispersão de

chumbo, cádmio, cobre e zinco no solo alcançou uma circunferência de 20km, a partir do centro de extração e fundição mineiras. Os níveis de contaminação dos solos por esses quatro metais excedem os níveis recomendados pela Organização Mundial de Saúde[53].

No centro da Zâmbia, Kabwe tornou-se conhecida no início do século xx, quando abriu as portas aos mineiros estrangeiros, através da Rhodesian Broken Hill Development Company. As minas de Kabwe continham vanádio, minérios de chumbo e zinco de alta qualidade, atraindo, assim, uma linha de caminhos-de-ferro e uma central hidroelétrica, para facilitar a exploração da zona. Devido às operações de fundição que aí se fizeram sem qualquer tipo de regulação, durante anos, Kabwe apresenta níveis elevados de toxicidade, pela presença de chumbo. Os níveis de chumbo encontrados no sangue das crianças da zona são dez vezes superiores aos limites aceitáveis.

Com mais de 100 anos de extração mineira e a transição para um governo democrático, a África do Sul vê-se subitamente a braços com o problema da poluição pesada da indústria. Sob o regime do *Apartheid*, o racismo ambiental era um termo simpático e significava que as indústrias tóxicas se poderiam estabelecer em territórios definidos por raça. O mesmo se aplicava aos aterros de substâncias químicas tóxicas.

O grupo sul-africano de justiça ambiental, groundWork, grupos como a South Durban Community Environmental Alliance e outras organizações de cidadãos esforçam-se por denunciar essas relíquias do racismo, exigindo a limpeza e, possivelmente, o vazamento das áreas afetadas. Uma visita guiada aos locais poluídos na zona de South Durban revela realidades muito perturbadoras. Nos bairros de apartamentos próximos da refinaria da Shell, por exemplo, é difícil encontrar uma família sem vítimas de asma. Aliás, as crianças levam os inaladores para a escola, como quem leva o farnel. Mas essa é apenas uma das muitas zonas afetadas de um país muito vasto.

Décadas de contaminação ambiental afetaram a água do país, como já se referiu, colocando em risco a saúde e a cadeia alimentar dos cidadãos. O encerramento das minas não elimina o problema. A confissão de um proeminente investigador do Council for Scientific and Industrial Research (CSIR) em 2008, caiu como uma bomba: "A verdade é que, como nação, não sabemos lidar com o problema, porque nunca nos tinha acontecido nada assim." O Dr. Anthony Turton, acrescentou ainda: "A informação foi suprimida, porque a África do Sul pré-1994 não prezava as pessoas. O que descobrimos até agora não passa da ponta do icebergue. Ainda não temos quaisquer estratégias governamentais[54]."

Tabela 4 Principais fluxos de resíduos na África do Sul					
	Council for Scientific and Industrial Research		Quadro Nacional para o Desenvolviment o Sustentável	South Africa Environment Outlook	
	1992 mt/a *	1997 mt/a	mt/a	mt/a	percentage m
Minas	376,0	468, 2	450,0	470, 0	87,7
Indústria	23,0	16,3	22,0	3,0	
Eletricidad e	20,0	20,6	30,0	33,0	3,9
Agricultura e Silvicultura	20,0	20,6	3,8		
Geral/RSU	15,0	8,2	20,0	13,5-15	1,5
Eliminação RSU			8,8		
Lamas dos esgotos	12,0	0,3		0,1	
Total	486,0	533, 6		100	
Perigoso	1,89				

Fonte: groundWork, 2008[55]. Os números da tabela foram retirados principalmente das informações obtidas junto do Departamento para as Questões Ambientais e o Turismo.

*mt/a = milhões de toneladas por ano

Uma zona que recebeu muita atenção em termos de estudos científicos fica no sudoeste de Joanesburgo, num vale onde passa o rio Wonderfonteinspruit. Esse rio parte da cidade mineira de Randfontein, passa por Carletonville e Khutsong e desagua no rio Mooi. Este último rio, fornece água à cidade universitária de Potchefstroom. Os estudos demonstram que o sedimento do Wonderfonteinspruit está contaminado com urânio radioativo e níveis elevados de outros metais pesados provenientes das águas residuais das minas locais. Essas águas residuais não receberam o devido tratamento, antes de serem lançadas para os corpos de água. Sob o regime do *Apartheid*, a legislação era bastante permissiva e no regime atual as leis mais relevantes parecem não ser muito aplicadas.

A extração mineira é a principal fonte de resíduos tóxicos da África do Sul. A colocação dos aterros nas zonas menos favorecidas pelos governos do *Apartheid* plantou a semente do descontentamento que ainda hoje gera resistência. Esses aterros encontram-se sobretudo próximos das zonas onde residem as populações negra, de cor ou indiana, de acordo com a segregação racial praticada na era do *Apartheid*.

O roteiro da visita guiada às zonas contaminadas de Durban tem obrigatoriamente de incluir Umlazi – uma das chamadas municipalidades ocupadas por africanos negros da zona de Durban. Nos anos 80, o governo Kwazulu criou aí um aterro de resíduos tóxicos perigosos sem linhas de proteção. Os residentes de Umlazi realizaram vários protestos e conseguiram levar ao encerramento do aterro, mas não conseguiram evitar as muitas fugas ocorridas antes e depois que poluíram os riso locais Isipingo e Umlazi.

O facto mais triste aqui é que a África do Sul é dos países africanos com mais dispositivos de controlo e normas para regular o tratamento dos resíduos tóxicos. A propensão da indústria para a extração, a utilização e a eliminação transformou o meio ambiente africano num caldo tóxico do qual os cidadãos devem ser protegidos. Observamos que, de país para país, depois do abandono ou do encerramento das minas, as populações locais passam a esgravatar esses poços tóxicos em busca dos restos preciosos que possam ter ficado e acabam por correr graves riscos. Mais uma vez, observamos negligência da parte dos líderes africanos e oportunismo da parte das empresas nacionais e transnacionais que operam abaixo das normas industriais do continente. Mas será isso uma falha política ou existirá aqui alguma coisa mais sistémica?

Caricatura: Alfredo Acedo

O Caos Climático e as falsas soluções

se as mudanças climáticas fossem mudanças menores
muitos haviam de se reunir em copenhaga a trocar dicas
conversas para compensar a nossa terra elástica
... para apresentar filmes em grandes ecrãs com sorrisos idiotas numa idade de estupidez...
permanecendo em fogos tóxicos ... enfrentando verdades inconvenientes

os negociadores negoceiam curvas de olhos bem abertos vendados...
a ouvir com tapa-ouvidos que anulam a sanidade

se as mudanças climáticas fossem mudanças menores
eles haviam de se reunir em copenhaga a trocar dicas
e conversas para transtornar a nossa terra elástica
mas não vejam eles inundações sob as suas camas douradas
e tempestades nas suas elegantes chávenas de chá
devorando gelados enquanto o gelado ártico estala
em gritos e nos transforma as florestas em palitos
para dentes que eles não têm
mas se as mudanças climáticas fossem mudanças menores
depois de copenhaga ainda lá estaremos
e talvez terminemos este poema[1]

O mundo continua a recusar o facto de as mudanças climáticas serem provocadas principalmente pela contínua dependência da sociedade nos combustíveis fósseis. O maior problema é a atual forma de civilização baseada no modelo consumista ocidental orientado por corporações com fins lucrativos. A questão da libertação dos hidrocarbonetos na atmosfera não deve ser adiada para sempre e até nos pode dar a oportunidade de abordar outros cancros socioeconómicos maiores. As civilizações surgiram e desapareceram não apenas por via de conquistas militares ou políticas, mas também por causa da incapacidade para se adaptarem aos desafios. Os países mais pobres são incontestavelmente as principais vítimas das mudanças climáticas e, para muitos, a luta pela sobrevivência é literalmente como nadar contra a corrente, num mar turbulento e crescente. Não obstante o facto de os governos africanos e as instituições africanas estarem a trabalhar em estratégias para lidar com as inconstâncias climáticas, uma série de fatores impedem-nos de gerir a atual situação e as imprevisíveis condições futuras. Esses fatores limitadores incluem a pobreza, as instituições enfraquecidas e os ecossistemas frágeis.

A África é principalmente alimentada pelos braços dos seus agricultores familiares, especialmente mulheres, que representam quase 70% da população. Essa agricultura depende, em grande medida, da queda direta de chuvas e a mudança climática constitui, portanto, a única ameaça. O continente já é persistentemente afetado pela seca. As secas locais ocorrem todos anos e as crises continentais ocorrem provavelmente uma vez em cada década[2]. Com a poluição impiedosamente provocada pelas sociedades industriais e a inexorável subida global das temperaturas, é evidente que o continente está a ser cozido no lume do carbono.

O Painel Intergovernamental para a Alteração Climática (PIAC) reconhece que as mudanças climáticas irão comprometer em grande medida a produção agrícola na África. O painel calcula que, nalguns países, as colheitas de sistemas baseados nas chuvas possam reduzir-se em 50%, até 2020[3]. Ao afetarem a biodiversidade de um continente, as mudanças climáticas têm um impacto direto sobre os povos cujas vidas estejam intimamente ligadas ao meio ambiente. As mudanças climáticas ameaçam a subsistência, a disponibilidade de alimentos e a saúde da população.

Apesar de ser um continente completamente rodeado por água, a África sofre anualmente secas que, por vezes, atingem proporções catastróficas. A erosão costeira, as cheias e a subsidência já afetaram a maior parte do continente e os problemas poderão aumentar se não se tomarem medidas urgentes para aumentar a resistência.

Não se pode negar que, com a exceção de algumas parcelas – as queimadas do Delta do Níger pelas companhias petrolíferas, os geradores de eletricidade carboníferos da Eskom na África do Sul e o petróleo carbonífero/com recurso ao gás da Sasol –, a África desempenha um papel muito menor na emissão de carbono. Fora as referidas parcelas, as atividades económicas do continente no passado pouco ou nada contribuíram para a reserva global de carbono acumulado. As emissões de CO_2 foram geradas sobretudo pelo uso extremamente tendencioso da energia à base de combustível permanentemente direcionado para a extração, bem como para o processamento e o transporte de minérios e de culturas de rendimento.

Como resultado, enquanto nas outras regiões os principais desafios são a de redução das emissões de carbono, na maior parte do território africano, os maiores dilemas são a adaptação da produção e a sobrevivência humana numa ecologia em deterioração. Essa sobrevivência deveria incluir logicamente uma quantidade maior de emissões, à medida que as pessoas mudam da lenha para a eletricidade, adaptando-se à previsão das Nações Unidas de que nove em cada dez camponeses não serão capazes de produzir alimentos até 2100. Ademais, enquanto noutras regiões as principais consequências adversas do aquecimento global ainda não se façam sentir, na África elas já são bem evidentes. Assim, a adaptação é um processo crucial que a nossa visão de justiça climática deveria transmitir.

Um dos fatores que irá causar estragos na geopolítica africana é o movimento de populações humanas. Os refugiados climáticos irão ignorar as fronteiras nacionais e procurar melhores climas onde quer que seja. As migrações transfronteiriças podem desencadear sérios conflitos.

Por exemplo, a população do Burquina Faso que reside na Costa do Marfim perfazia mais de 40% da população do país de acolhimento, o que contribuiu para o surgimento de dinâmicas políticas que acabaram por resultar numa guerra civil. Uma das mais altas individualidades no cenário político da Costa do Marfim, Alassane Outtara, foi impedido de participar nas eleições na década 90 só por ter dupla nacionalidade – costa marfinense e burquinense. O facto de ele ter sido antes governador do Banco Central da África Ocidental e primeiro-ministro, bem como de ter assumido o cargo de presidente do país nalgumas ocasiões não serviu para nada, uma vez que a etnia passou a garantir o acesso ao poder[4]. Acabou por se tornar presidente do país em 2011, depois de um impasse com o então presidente em exercício, Laurent Gbagbo, que não aceitou os resultados eleitorais globalmente aceites que davam a vitória a Ouattara.

Já existem três movimentos maciços de pessoas das zonas propensas a secas, migrações para escapar à fome que se segue à destruição dos regimes climáticos. Os governos assistem impávidos e serenos à eclosão das catástrofes e às imagens de crianças e pais emagrecidos nas redes televisivas globais. A escassez de chuvas no Corno de África anuncia uma iminente catástrofe que os gatos gordos das casas dos governos ignoram, insulados pela opulência e os círculos de cantores de rapsódias de louvor.

Os movimentos das populações, devido à seca Sahel e o conflito em Darfur estão intimamente ligados, porque os pastores de gado procuram recursos hídricos e confrontam-se com camponeses sedentários árabes[5]. As mudanças climáticas vão fazer surgir muitos mais movimentos transfronteiriços no futuro. Quando isso acontece na África, pessoas que deveriam viver juntas, veem-se obrigadas a viver separadas, o que gera conflitos desnecessários. Os deslocamentos devido ao clima poderão gerar mais conflitos na África – talvez mais do que em qualquer outra região.

As soluções propostas para enfrentar as mudanças climáticas variam entre o ridículo e o realista. Uma delas assenta na produção de bujões especiais para o gado, uma vez que este liberta muito metano nos gases corporais que lança para a atmosfera. Chega-se a pôr em causa a validade das mudanças climáticas, com o argumento de que seriam mais um fenómeno natural e inevitável do que propriamente produto das atividades humanas. Um dos principais argumentos de defesa da teoria do aumento natural da temperatura foi apresentado pelo meteorologista dinamarquês Knud Lassen. Na sua opinião, as atividades do ciclo de onze anos de manchas solares na superfície do sol combinam com o modelo das temperaturas globais. O meteorologista, contudo, apelou à prudência, ao descobrir que a subida da temperatura não pode ser explicada só pelas atividades das manchas e dos ciclos solares[6].

Numa era de catástrofes económicas, em que todas as crises fazem surgir oportunidades de exploração, o caos climático ofereceu um amplo espaço de jogo para os investidores de capital de risco. Esse espaço foi aberto nas negociações de Quioto, onde os negociadores dos Estados Unidos insistiram na inclusão de mecanismos de mercado para enfrentar as mudanças climáticas. De facto, insistiram em não endossar o protocolo caso não se desse

114

prioridade aos mecanismos de mercado. Dessa forma, através do vice-presidente Al Gore, a administração de Bill Clinton enviou um ultimato aos negociadores e pressionou com sucesso o protocolo de Quioto a tornar-se um conjunto de instrumentos de comércio[7]. As pressões dos EUA resultaram e o resto já é história. A ironia é que depois de consagrar o mercado como o sobrevivente do clima mundial, os EUA não viriam a endossar o Protocolo de Quioto e até já lutam pela sua total eliminação.

Segundo George Monbiot[8], neste momento, o mundo não tem alternativa à necessidade vital de mitigação das alterações climáticas. Segundo afirma, antes de Bush os abandonar os esforços de criação de caminhos rumo à mitigação das alterações climáticas já a administração Clinton os sabotara. As nações mais ricas pouco apoio prestam aos desafios da mitigação das alterações climáticas. Em suma, até agora, as conversações sobre as mudanças climáticas têm falhado redondamente. E, de acordo com todos os relatos, as metas que as conversações estabeleceram estão muito aquém da realidade e acabam por ser anuladas por lacunas e falsas contabilidades. Ademais, as nações como o RU que cumprem as metas estabelecidas pelo Protocolo de Quioto só o conseguem transportando a sua poluição para outros países.

Enquanto alguns países hesitam em estabelecer medidas para evitar um aumento de 2°C na temperatura global, outros aprenderam com as inundações do Katrina que expuseram a fragilidade dos EUA que ninguém está livre de sofrer consequências futuras. Desta forma, a Alemanha gasta €600 milhões em mais um quebra-mar para o Humburg e os Países Baixos pensam gastar €2,2 mil milhões em diques, até 2015. Por mais inadequadas que possam ser, essas medidas ilustram bem o que as nações ricas são capazes de fazer para sobreviver às próximas chuvas. A questão é saber o que irá acontecer aos países mais pobres.

Não são as especulações dos agiotas do carbono que podem salvar as ilhas pequenas do afundamento. As ações para colmatar as mudanças climáticas não são mercadorias a serem leiloados ou vendidas pelas ruas e praças ou nos pavimentos escorregadios das bolsas de valores. As ideologias de limitação e comércio de emissões ou de comércio antes de limitar são ingénuas. Estendem a mão aos créditos de carbono e depois ajudam todos a utilizar sagazmente os mecanismos de mercado para alocar as emissões da forma mais eficiente e economicamente viável. Haverá uma forma de codificar individualmente as reservas de carbono dos empresários para que

115

seja possível localizá-las e verificar se não estão a ser reutilizadas e revendidas ou se determinadas zonas de concentração de carbono não estão a provocar catástrofes climáticas algures. O mercado de carbono é um material de alta ficção e o melhor dos nossos escritores imaginativos não pode chegar perto desses homens poderosos do mercado.

Começando pelo avô dos mecanismos do mercado, tal como é chamado o Mecanismo de Desenvolvimento Limpo (MDL), vemos agora netos, como a Redução de Emissões de Carbono Causados pelo Desmatamento e a Degradação de Florestas (REDD). Pelo meio, existem vários outros mecanismos filhos e mães, ligados a um ou outro mecanismo de compensação pela emissão de carbono. O conceito mais plausível por detrás desses mecanismos de mercado é o de oferecerem uma base para o investimento do sector privado, num esforço para enfrentar as mudanças climáticas. Posto de forma menos subtil, tais mecanismos oferecem oportunidades ao sector privado para controlar o ritmo e a natureza de projetos alegadamente concebidos para enfrentar as mudanças climáticas, mas que na realidade só lhes interessam enquanto permitirem a fuga à prestação de contas pelos poluidores empresariais primários. Isso explica a razão pela qual tais esquemas para a compensação de carbono realmente frustram algumas pessoas e comunidades.

Não há dúvida de que a subida das temperaturas globais é, em grande medida, provocada pela quantidade de carbono libertado na atmosfera. O carbono é um elemento fundamental em todos os seres vivos, plantas ou animais. Os solos, o ar e os oceanos estão carregados de carbono. Os animais inalam oxigénio e exalam dióxido de carbono e as plantas fazem o contrário, numa coexistência feliz baseada na troca mútua do dióxido de carbono e oxigénio necessários. O problema é que, ao longo dos últimos séculos, os seres humanos têm aumentado drasticamente a quantidade de dióxido de carbono e outros gases de efeito estufa libertados na atmosfera. Estima-se que se liberte anualmente uma quantidade de carbono equivalente a cerca de 26 mil milhões de toneladas. Uma forma de visualizar como o CO_2 desempenha um papel vital na equação climática é imaginar o gás a envolver o mundo inteiro, ocupando o cinturão à sua volta, por assim dizer, nas regiões atmosféricas inferiores. Existem vários outros gases, mas a única diferença é que este gás em particular, juntamente com outros de efeito estufa, permitem a entrada da energia do sol na atmosfera terrestre mas reduzem a fuga dessa energia refletida na superfície terrestre para o espaço. Essa acumulação de energia é o efeito estufa.

A questão que confronta a humanidade é a de descobrir como eliminar o carbono na atmosfera. O que deverão as pessoas fazer? Deixamos de libertar o carbono na atmosfera? O que poderia isso implicar? Existem níveis aceitáveis que possamos respeitar para não atingirmos o ponto irreversível das mudanças climáticas? Essas questões ocuparam as imaginações de muitas pessoas e surgiram diversas soluções.

Uma interessante solução proposta é o sequestro do carbono. Nesse cenário, as atividades poderiam decorrer normalmente, libertando tanto carbono quanto se desejasse, mas garantindo a sua captura e o seu armazenamento ou sequestro. Há muitos especialistas a desenvolver tecnologias de sequestro de carbono e a fazer ensaios, mas nenhum com a probabilidade de estar pronto até 2020[9]. Enquanto isso, a compensação de carbono está a ganhar espaço nalguns quadrantes, com a proposta de que uma entidade posse poluir numa parte do mundo e, depois, compensar essa poluição noutra. Por exemplo, uma empresa na Europa poderia continuar a armazenar carbono na atmosfera, mas fazer uma plantação de árvores algures na África – uma vez que as árvores absorvem carbono, a empresa pode considerar-se neutra em emissões de carbono. É um cenário ficcional controverso. A companhia limpa a sua consciência; os que criam as plantações são pagos. As comunidades cujas terras são retiradas para fazer as plantações podem ter empregos como plantadores e talvez receber alguma compensação pelas terras de cultivo. O que as comunidades podem ter a certeza é de que perderão o controlo sobre as suas terras.

O MDL pode, por vezes, ser levado ao extremo do ridículo. Tomemos, por exemplo, o caso da publicitação de projetos de paralisação da queima de gás como projetos do MDL. Através dos tais projetos, as companhias petrolíferas e o Governo nigeriano esperam alegar créditos de carbono para ajudar na "luta" contra as mudanças climáticas. A realidade é que a queima de gás é uma atividade ilegal na Nigéria desde 1984, altura em que a Lei Nigeriana sobre a reinjeção de gás entrou em vigor. Qualquer redução ou interrupção de queima é simplesmente uma redução ou interrupção de uma atividade criminal e não traz nenhuma vantagem como o processo do MDL requer. Qualquer compensação por tal atividade é um contrassenso. As queimas de gás são a manifestação mais cínica da insolência empresarial face às mudanças climáticas e à saúde ambiental. As chamas libertam gases de efeito estufa, tais como dióxido de carbono, metano e óxido nitroso e de enxofre. Para além destes, libertam outras substâncias que afetam fortemente a saúde humana.

Não se sabe ao certo quanto carbono absorve uma árvore. Em todo o caso, quando a árvore morre, para onde vai o carbono? As compensações permitem que as nações industrializadas não deem qualquer passo no sentido de reduzir as suas ações poluidoras, diminuindo o consumo em casa, enquanto aplicam cortes hipotéticos algures nos países em vias de desenvolvimento. Embora as regiões em vias de desenvolvimento, como a África, possam receber alguns incentivos através dos mercados de compensação, não existem indicações de que os montantes transferidos sejam adequados, justos ou suficientes para mitigar a incessante poluição que ocorre a Norte. De acordo com a Carbon Trade Watch, as empresas de compensação limitam-se a vender a paz de espírito aos consumidores, gerando, deste modo, complacência. Também postulam que muitas empresas poluidoras e políticos usam a compensação como forma económica de lavagem verde e "como distrações das suas práticas inerentemente insustentáveis e recusa de tomar ações mais sérias em relação às mudanças climáticas". Para além disso, o nosso conhecimento sobre o ciclo do carbono é limitado; "não se sabe se as plantações têm benefícios positivos na mitigação das mudanças climáticas e muito menos é possível quantificar exatamente esse suposto benefício numa mercadoria vendável". Finalmente, é impossível determinar uma base a partir da qual se possa avaliar as consequências da não implementação do projeto de compensação pela emissão do carbono[10].

Ouvimos falar também de sistemas de limitação e comércio de emissões, através dos quais os governos emitem licenças ou autorizações para permitir que as indústrias poluidoras poluam. Segundo consideram os pesquisadores críticos Tamra Gilbertson e Oscar Reyes, "em vez de corrigir os seus atos, o poluidor pode vender essas autorizações a outro capaz de fazer alterações 'equivalentes' de forma mais económica [...].Na prática, o esquema foi incapaz de incentivar a redução das emissões[11]".

Antes de abordarmos o aspeto legal das mudanças climáticas, é inevitável querer perceber a razão pela qual os seres humanos evitam tomar medidas e adotar soluções reais para um problema real, preferindo, pelo contrário, aprovar soluções falsas. É como fazer palhaçadas diante de uma tragédia ou zombar de pessoas que fazem luto. Se as reservas elevadas de carbono na atmosfera colocam um desafio, a ação real deve ser a redução drástica da emissão de mais carbono na atmosfera. Se a emissão de carbono for maioritariamente feita pelo uso de combustíveis fósseis, então, a solução deve passar pela mudança radical dessa força motriz. Se o sequestro do carbono for o caminho a seguir, então, a melhor forma de o garantir é deixar o petróleo bruto, o betume e o carvão no solo e abandonar o negócio de prospecção de gás. É tão simples que é quase uma parvoíce não ver.

Os cegos negociadores das mudanças climáticas

As negociações climáticas realizadas em Durbar, com efeitos a partir de 2011, irão confrontar-se cada vez mais com a questão da justiça climática. A atmosfera é um espaço comum – um património mundial comum a todos. As nações industrializadas lançaram uma quantidade desproporcional de emissões na atmosfera e monopolizaram uma quantidade desproporcional de recursos globais, principalmente ao explorar nações que estão no reverso da medalha. Os impactos climáticos já se fazem sentir de forma muito acentuada na África e noutras regiões do Sul global. Séculos de exploração enfraqueceram a resistência dessas regiões no combate às mudanças climáticas. Tais factos históricos devem ser abordados. Uma forma de o fazer é pelo pagamento da dívida climática para disponibilizar os recursos financeiros e técnicos necessários nessas regiões vulneráveis.

As Conferências das Partes em Copenhaga e Cancun não geraram resultados consentâneos aos alertas científicos de que o mundo enfrenta uma séria crise climática. Copenhaga terminou com um acordo encabeçado pelo presidente Barack Obama dos Estados Unidos apoiado pelos países dos BASIC (Brasil, África do Sul, Índia e China) inventado numa "sala verde" criada pelo partido conservador dinamarquês no poder. Nessa sala, lembrou Patrick Bond, estavam 26 países selecionados para representar o mundo. Quando aquele pequeno grupo entrou num impasse, alegadamente devido à intransigência da China e aos fracos parâmetros gerais estabelecidos pelos EUA, os cinco líderes (Obama, Lula da Silva, Jacob Zuma, Manmohan Singh e Wen Jiabao) tentaram uma última cartada para salvar a face na higiene planetária[12]".

A justiça climática deve exigir que quem cria o problema climático o mitigue, transformando a economia e a sociedade nesse processo[13]. Existem duas formas de começar a fazer isso acontecer. Primeiro, as nações ricas devem reduzir os padrões de consumismo ganancioso e abordar a crise climática com soluções reais e não soluções comprovadamente fictícias. Segundo, as nações ricas devem apoiar as nações pobres que estão a ser forçadas a adaptar-se a uma situação que não criaram. A principal forma de o fazer é apoiando

119

percursos de desenvolvimento verde sustentáveis.

De entre os vários governos, o boliviano foi o que fez o apelo mais claro pela justiça climática, enquanto a Índia e a China apresentaram argumentos relacionados para defender os seus percursos de crescimento. Enquanto o mundo clama pela redução de estabelecimentos industriais poluentes, a China constrói novas centrais elétricas carboníferas numa proporção extraordinária[14]. É interessante notar que enquanto expande massivamente as suas centrais elétricas carboníferas, a China assume também a liderança na utilização da energia eólica. O discurso sobre o que a China e a Índia devem fazer para enfrentar as consequências do aquecimento global não deve descurar o facto de um vasto número de pessoas num e noutro país ainda precisar do fornecimento de energia e das enormes despesas financeiras que implica a eliminação dessa lacuna.

Após o resultado catastrófico das negociações climáticas das Nações Unidas feitas em Copenhaga, em dezembro de 2009, o Presidente boliviano Evo Morales anunciou que o mundo se reuniria na Bolívia para um debate minucioso e inclusivo sobre esse assunto vital.

A cimeira, realizada em Cochabamba em abril de 2010, atraiu 35 mil participantes de 140 países e contrastou muito com o evento de Copenhaga em vários aspetos. Primeiro, foi uma assembleia de governos e dos povos. Em Copenhaga não se pouparam esforços para manter a sociedade civil longe da conferência – o evento ficou marcado por bloqueios da sociedade civil, detenções de ativistas do clima e uma enorme brutalidade contra os protestantes pacíficos nas ruas. Em Cochabamba a polícia dava assistência e participava também. Enquanto Copenhaga mostrou desdém pelas vozes do povo, Cochabamba tratou de levantar a voz do povo. A única semelhança entre ambos os eventos é terem sido realizados em cidades com nomes começados por "C" seguidos de nove letras.

O principal resultado da conferência de Cochabamba foi o Acordo dos Povos, exigindo que os países reduzam as suas emissões em pelo menos 50% na fonte no segundo período de compromisso do Protocolo de Quioto (2013-17), sem recurso a compensações e outros esquemas de comércio do carbono. Em termos financeiros, o Acordo dos Povos exige que os países desenvolvidos canalizem 6% do PIB para o financiamento das necessidades de adaptação e mitigação. Comparadas com o que é necessário para garantir a segurança das nações vulneráveis, as sugestões financeiras do Acordo de Copenhaga são uma gota de água num vasto oceano. Os povos do mundo afirmaram também que a dívida climática deve ser reconhecida e paga. O pagamento não deve ser apenas financeiro, mas deve, sobretudo, garantir a descolonização do espaço atmosférico e a redistribuição do magro espaço que resta. Os países desenvolvidos já ocupam 80% do espaço.

A dívida climática implica também que se tomem as medidas necessárias para restaurar os ciclos naturais da Mãe Terra. A melhor forma de o fazer será a proclamação da Declaração Universal dos Direitos da Mãe Terra, com obrigações claras para os humanos. A Bolívia é quem mais promove a adaptação dessa declaração nas Nações Unidas. O Acordo do Povo reconhece que as causas das mudanças climáticas são sistemáticas e que são necessárias mudanças igualmente sistemáticas para as enfrentar. Nesse sentido, o modelo de civilização articulado pelo desenvolvimento desabrido só poderá agravar a crise. O mundo precisa de caminhar rumo a uma vida melhor e deixar o caminho da dominação dos outros e do consumo conspícuo e esbanjador.

Uma área acobertada na Convenção-Quadro das Nações Unidas sobre as Alterações Climáticas (CQ NUAC) é o papel da agricultura industrial nas mudanças climáticas. A Conferência do Povo debateu sobre este sector chave e chegou ao entendimento de que o futuro sustentável se pode alcançar pela soberania alimentar baseada em sistemas agrícolas agroecológicos. A questão de acesso à água como recurso humano foi também afirmada pelos povos e mais tarde pelas Nações Unidas.

Ao todo, o Acordo dos Povos reconhece que as estratégias reais para enfrentar as mudanças climáticas devem assentar nos princípios de equidade e justiça ao lidar com as causas estruturais. Sem a justiça climática será claramente impossível alcançar os tão falados Objetivos de Desenvolvimento do Milénio (OGM).

Cochabamba lançou múltiplos apelos para a salvaguarda urgente dos direitos da Mãe Terra, como uma forma de reconfigurar o nosso relacionamento com a terra e entre nós – de uma maneira que respeite o passado, o presente e o futuro. Tudo isso será uma quimera se a soberania alimentar não for apoiada, restaurada e construída em todo o mundo. Cochabamba foi um ponto de viragem na marcha pela transformação do nosso mundo, de um caminho de conflito, competição, exploração e dominação para um caminho de solidariedade e dignidade. Cochabamba traz um raio de esperança para a África.

Tabela 5: Emissões per capita de CO_2 nalguns países em 2005

País	Emissões per capita de CO_2 em toneladas
Estados Unidos	19,6
Austrália	18,4
Japão	9,5
China	3,9
Índia	1,1

Com aproximadamente 10% da população mundial, os Estados Unidos e os países da União Europeia contribuem com mais de 50% de emissões de carbono para a atmosfera. É importante comparar as emissões *per capita* de alguns países no mundo (consulte a Tabela 5).

Em relação aos níveis de consumo, argumentou-se que o enorme crescimento da classe média, tanto da China como da Índia, levou a um aumento da procura da carne de bovino que, por sua vez, implica a dependência em sistemas de produção intensiva do gado que resultam em mais desflorestamento, bem como no uso de agroquímicos mais poluentes. Esse argumento bem poderia ser utilizado por comediantes nos seus espetáculos, mas a verdade é que o complexo industrial da carne tem contribuído em grande medida para a libertação de gases de efeito estufa através do desflorestamento e da conversão de terra em fazendas ou em plantações de soja na América do Sul, por exemplo.

Com efeito, embora detenham apenas 5% da população mundial, os Estados Unidos são consumidores em proporções exageradas que emitem aproximadamente 25% dos gases de efeito estufa do mundo, pela queima de petróleo, gás e carvão – para a condução de carros, a produção de eletricidade e a alimentação das indústrias. Poderá ter sido essa a razão pela qual o país não quis aceitar as limitações de emissões que poderiam ajudar a impedir a subida das temperaturas até mais de 1,5°C acima dos níveis da era pré-industrial. O aquecimento do mundo já aumentou 0,8°C, desde a Revolução Industrial. No seu quarto relatório, o PIAC calcula que nessa proporção, as temperaturas possam aumentar entre 2 a 2,4°C, até 2050. Para o evitar, é preciso reduzir as emissões de gases de efeito estufa em 50-85% em relação aos níveis de 2000, até 2050. Se nada for feito para controlar a subida da temperatura, até 30% das espécies vegetais e animais correm risco de extinção.

Este ponto gera repetição. A tendência para a ideologia do mercado do Protocolo de Quioto permite que os países não dispostos a cumprir a meta estabelecida pelo protocolo continuem com as suas patuscadas de emissões, recompensando esses pecados por outros mecanismos:

- A compra direta de emissões a países que não esgotam as suas quotas.
- O investimento em projetos de silvicultura e conservação do solo em qualquer outra parte do mundo, partindo do princípio de que ao gerarem meios de absorção do carbono compensam a sua emissão contínua.
- O investimento no estrangeiro em projetos para diminuir os gases de efeito estufa. São os chamados Mecanismos de Desenvolvimento Limpo (MDL), geralmente realizados nos países sem limites obrigatórios impostos. Há também a possibilidade de investimento em projetos de Implementação Conjunta (IC) noutros países industrializados.

O principal intuito do comércio de carbono e das estratégias de compensação pela emissão de carbono é a transferência da responsabilidade pelos impactos das mudanças climáticas para o Sul, enquanto os poluidores colhem os lucros do novo negócio feito à custa das catástrofes. Os defensores da comercialização do carbono argumentam que isso permitirá uma adaptação mais célere e eficaz das economias, com menos perturbações. Por outras palavras, ignoram-se ações que deveriam ser punidas, em prol de mecanismos financeiros estranhos que deixam o meio ambiente à mercê dos poluidores mais poderosos. O comércio de carbono e outras falsas soluções, tais como as culturas geneticamente modificadas (OGM), os sumidouros de carbono, a fertilização do oceano, o armazenamento de carbono e os agrocombustíveis são fórmulas que não incluem a principal responsável pelo aquecimento global, ou seja, a indústria petrolífera[15].

Conforme já notámos, a crise climática é encarada como uma oportunidade para forçar soluções intragáveis a populações insuspeitas. A orquestração da fase 2007-08 da crise alimentar ofereceu aos proponentes dos organismos geneticamente modificados uma oportunidade de ouro para dizer que, naquele momento, os africanos famintos não os poderiam rejeitar. Aliás, não poderiam rejeitar qualquer tipo de comida que fosse generosamente colocada nas suas pobres mesas. O mais lamentável dessas coisas a que se chama culturas GM e de outras propostas feitas ao continente, é que muitos governos africanos tendem a considerá-las, antes de tudo, oportunidades para receber doações. A questão de saber se a tecnologia é adequada ao contexto africano, incluindo à nossa saúde e aos nossos hábitos alimentares, é secundária.

"A África precisa de transferência de tecnologia." "A África pode dominar a tecnologia." "Não ficaremos agarrados às saias da Monsanto." "Um bilionário como Bill Gates, que está a patrocinar a Aliança para a Revolução Verde em África (AGRA), não pode estar errado." "As culturas GM ajudarão os agricultores africanos a aumentar as colheitas, garantir uma cadeia de valor acrescentado e penetrar nos mercados globais". O comboio da engenharia genética é apresentado como a bala de prata que resolve todos os problemas agrícolas e alimentares imagináveis do continente. E os líderes africanos gritam de espanto.

A África tornou-se o maior campo de batalha para as culturas GM, e têm-se envidado persistentemente grandes esforços para garantir a sua penetração no continente a todo o custo. Com a imagem de fome inexorável, populações subalimentadas e com incapacidade para cultivar com outra coisa senão a enxada, a África é apresentada como uma causa perdida que deve ser ajudada por um mundo amoroso e carinhoso. As mudanças climáticas oferecem uma cobertura maravilhosa para implementar essa agenda. A indústria das culturas GM afirma poder produzir variedades que não precisam de água para crescer e outras que não necessitam de agroquímicos. São essas as promessas que os seus vendedores têm na ponta da língua. A mensagem é a de que sem as culturas geneticamente modificadas e com as mudanças climáticas os africanos ficarão de estômago vazio e o continente tornar-se-á uma nuvem de poeira.

É certo que os efeitos das mudanças climáticas se manifestam claramente no sector agrícola. Mas há que confiar nos fornecedores de culturas geneticamente manipuladas que querem ganhar em todos os lados. Tal como ouvimos dizer frequentemente, a agricultura contribui com uma grande parte de emissões de gases de efeito estufa na atmosfera e, portanto, afeta o clima. O que não se ouve tanto dizer é que isso se deve à agricultura industrial que utiliza substâncias químicas e não às práticas agroecológicas ambientalmente sãs. Não obstante, embora não sejam eles que cometem os crimes contra o clima, os pequenos agricultores sentem-lhes as consequências. A contínua degradação devida ao derrame e à queima de gás tornam a zona do Delta do Níger extremamente vulnerável aos impactos das mudanças climáticas, com uma perda projetada de 50% da capacidade de produção cerealífera, até o ano 2020, e de 80%, até 2050[16]. É pior que qualquer conflito armado.

Adeptos dos créditos e compensações pela emissão de carbono, alguns empresários sugerem que o sector agrícola só poderá beneficiar do mercado do carbono se forem introduzidos sistemas que reduzam a necessidade de lavoura. As culturas geneticamente modificadas, tais como as variedade de *Roundup-ready* da Monsanto, poderiam ser utilizadas para cobrar créditos de carbono, sob o pretexto de reduzirem a necessidade de lavoura e, portanto, as emissões. Seria um incentivo perverso para o cultivo de culturas GM[17].

Análise do REDD

O debate sobre o REDD, tal como qualquer outro debate sobre o clima, tem profundas conotações político-ideológicas, enraíza-se em interesses comerciais e descura completamente os desafios e as realidades das comunidades que ficam na linha de fogo dessa torrente de conversações. Tornar as florestas uma mercadoria, pela redução de emissões do desflorestamento e da degradação de florestas (REDD) é mais um movimento ingénuo que evita a descoberta de soluções reais para os problemas climáticos. O REDD não elimina as causas de fundo do desflorestamento; simplesmente serve para acobertar a poluição ininterrupta do Norte que, ao mesmo tempo, compra florestas e créditos de carbono na África e noutras regiões ricas em florestas.

Cerca de 20% das emissões anuais de carbono provêm do desflorestamento. Dos 1,6 mil milhões de pessoas que dependem das florestas, 60 milhões dependem totalmente delas como fonte de medicamentos, alimentos, materiais de construção e outros meios de subsistência. O REDD irá provavelmente fazer erigir obstáculos a essas pessoas que dependem da floresta, implementando novos sistemas de gestão emergentes da privatização das florestas e excluindo as comunidades residentes nas florestas das negociações. Certamente que assistiremos à transformação das florestas em plantações de monoculturas e aos respetivos impactos socioeconómicos acentuados para as comunidades locais.

Nas negociações sobre o REDD que foram conduzidas até agora, surgiram fissuras entre os países desenvolvidos. Embora a maioria só pense nos eventuais ganhos financeiros, alguns países lutam para garantir que o governo mantenha o controlo – com a exclusão do povo que vive e depende das florestas – sobre as decisões relativas ao uso das florestas. Isso implica que apesar de a África carregar o peso de séculos de exploração, os seus governos continuaram, na sua maioria, a perpetrar a mesma destruição, por via do "neocolonialismo", apresentado como democracia de mercado.

Algumas dessas questões emergiram muito claramente nas negociações que tiveram lugar em Banguecoque, em outubro de 2009[8]. Há um relatório da Rede do Terceiro Mundo sobre os debates de outubro bastante elucidativo a respeito de nações africanas como o Gabão. O controverso debate girou em torno da conversão das florestas naturais para outros usos e dos direitos dos povos indígenas:

> O Grupo de Trabalho *ad hoc* na Ação Cooperativa a Longo prazo tem um subgrupo informal a trabalhar no parágrafo 1(b)(iii) do Plano de Ação de Bali. O enfoque recai sobre as abordagens das políticas e nos incentivos positivos em questões relacionadas com a Redução de Emissões de Carbono causadas pelo Desmatamento e a Degradação das Florestas (REDD) nos países em vias de desenvolvimento; e no papel da conservação, da gestão sustentável das florestas e do incremento do estoque de carbono florestal nos países em vias de desenvolvimento. Atualmente apenas as atividades de reflorestamento e a florestação fazem parte do Mecanismo de Desenvolvimento Limpo (MDL), ao abrigo do Protocolo de Quioto. O desmatamento evitado não se inclui nos MDL tal na sua atual definição.
>
> A segunda semana das negociações de Banguecoque que termina hoje concentrou-se na elaboração de um documento oficioso sobre os princípios de salvaguarda para se obterem resultados no REDD-plus [...] Depois de várias reuniões informais e dos grupos de contacto [...]a consolidação do texto parecia não conseguir incorporar todos os pontos de vista.
>
> Para o Gabão, uma abordagem baseada nos princípios do respeito pelos direitos dos povos indígenas terá de estar em conformidade com a lei do país. O país considera arriscado adotar um conceito que

confira direitos específicos ao povo. Da mesma forma que falamos sobre o povo indígena das florestas, o que faríamos se o povo dos oceanos quisesse direitos específicos sobre os oceanos, ou outros povos quisessem direitos específicos sobre outras áreas? Seria problemático.

A República Democrática do Congo, agindo também em nome dos Camarões, da República do Congo e da Guiné Equatorial disse que os seus países ainda estavam densamente arborizados e que sofriam de pobreza extrema. Desse modo, ainda precisam de ter uma exploração sustentável das florestas para satisfazer as necessidades das populações. Segundo explicaram, 35% da massa terrestre ocupada pelos territórios desses países é protegida, mas, fora dessas zonas, precisam de utilizar as florestas para o desenvolvimento económico, a não ser que lhes ofereçam uma compensação adequada para a sua conservação. Na sua opinião, a referência à conservação da terra não deve ser novamente incluída no texto por países que já derrubam extensivamente árvores.

A Libéria argumentou que, embora estivesse seriamente comprometido com o REDD e apoiasse em princípio a salvaguarda no texto, considerava que "um erro não justifica o outro", tendo, por conseguinte, leis nacionais a observar, no que se refere ao direito de derrube de árvores por parte das empresas. Assim sendo, não pode fazer parte de uma convenção que contradiga a sua legislação. Apesar de não apoiar a conversão da terra, a Libéria considera necessário encontrar uma forma de corrigir quaisquer erros sem, por isso, deixar de observar as legislações nacionais. Para além disso, deve garantir e salvaguardar a futura confiança das empresas. Em suma, os países precisam de compensação e financiamento para a governação.

No geral, o REDD não passa de mais um mecanismo de transferência da responsabilidade pela redução dos impactos climáticos para o Sul que gera mais ameaças para o povo, entre as quais, no que se refere à conversão de territórios indígenas em plantações, ao açambarcamento de terras e ao desalojamento de populações. Na verdade, tratam-se de mecanismos que visam favorecer a entrega das florestas a empresas privadas, apoiar a privatização de áreas protegidas e de florestas naturais, fomentar a ocupação de terras aráveis dos camponeses, bem como promover a violação dos direitos e o roubo dos meios de subsistência das comunidades locais, tudo de forma oculta. Dessa forma, atribuem-se subsídios aos poluidores/ às empresas e estimula-se os países de elevado consumo energético do Norte a manter os seus modelos de produção e consumo.

Podemos, no entanto, dizer que a REDD é honesta quanto às suas intenções, pelo menos num aspeto. Tenciona reduzir o desmatamento e não travá-lo. O que o povo das florestas quer – e o que o mundo precisa – é o fim do desflorestamento. De igual modo, aqueles de entre nós que vivem no Delta do Níger e em muitos outros focos de exploração petrolífera, precisam de uma posição assente no mesmo princípio, para o bem de todos e do planeta: deixar os combustíveis fósseis no solo.

Deixar o petróleo do Delta do Níger no solo

Esta perfuração
Esta matança
Este roubo
Esta mutilação
Este estupro
Este derramamento
Esta profanação da terra do Pai, agora
perguntamos nós assim como o cantor o fez:
A quem pertence a terra do Pai?
Justiça agora!
Não há reconciliação ... sem justiça[1]

O MUNDO SABE que os problemas climáticos são causados, principalmente, pela emissão do carbono na atmosfera proveniente da queima dos combustíveis fósseis. A questão é: porque é que o mundo não quer cortar o mal pela raiz? Porque é que os políticos fingem não estar cientes de que os atuais modelos de energia poluente continuarão a desenvolver o problema que não pode ser resolvido, por mais dinheiro que invistam no mercado em torno do ar quente e por mais inovadores que sejamos nisso?

A resposta simples para a crise climática e que pede para ser aceite, é que devemos simplesmente deixar o petróleo no solo, o carvão no buraco e a areia betuminosa na terra. Não precisamos de gastar dinheiro na captura de carbono e em tecnologias de armazenamento para fazer isso – só precisamos de bom senso. É tão simples quanto isso.

Por mais sensato que seja deixar o crude no solo, a dependência do mundo nele obriga as grandes e pequenas companhias petrolíferas a invadirem cada vez mais os ecossistemas frágeis, a irem cada vez

129

mais fundo nas águas e a desenvolverem formas cada vez mais poluentes de recursos de combustíveis fósseis. Aceita-se o novo oximoro do "carvão limpo" sem sequer se pestanejar. Acredita-se que o *fracking* do gás de xisto seja mais limpo do que o carvão e o petróleo, embora este não o seja, literalmente devido à quantidade de sujidade que a sua extração produz.

Na prospecção de novos campos petrolíferos e para a segurança dos existentes, a África parece dispor-se a que a esburaquem toda. Embora não possua mais de 10% das já comprovadas reservas de petróleo mundiais, o continente africano é cobiçado pelas devoradoras nações do NORTE, com destaque para os Estados Unidos da América e atualmente, cada vez mais, a China. O recente ataque da NATO à Líbia é um exemplo das medidas extremas que serão tomadas. Embora a África não tenha grandes possibilidades de vir a substituir o Médio Oriente como centro mundial do petróleo, o continente recebe um crescente volume de equipamento, petroleiros, plataformas marítimas e instalações de armazenamento.

Por algum tempo, a Nigéria ocupou a décima-segunda posição entre os grandes produtores de petróleo bruto do mundo. A quota de produção do país calculava-se geralmente em 2,2 milhões de barris por dia. De acordo com a OPEC, em 2009, a sua quota de produção petrolífera era de 1,6 milhões de barris por dia. Notamos aqui que, durante vários meses, nem sequer foi possível atingir essa meta reduzida. O facto de a Nigéria não ter atingido essa quota de produção, porém, não significa necessariamente que não a tenha produzido ou, até, uma quota superior, durante o referido período. É do conhecimento geral que os ladrões do petróleo se apoderam de entre 250 mil barris a uma quantidade igual à exportada formalmente todos os dias, segundo as estimativas oficiais e de quem tem esse conhecimento. Isso significa que provavelmente mais de dois milhões de barris são roubados diariamente. Na verdade, um porta-voz da Câmara dos Deputados Nigeriana estimou que a quantidade de petróleo roubada diariamente no Delta do Níger era igual à quantidade de petróleo bruto legalmente exportada do país[2].

É por de mais evidente que, se quiser aumentar a produção do petróleo, o governo nigeriano deve começar por travar os roubos do petróleo. Aliás, se pusessem cobro ao roubo do petróleo não haveria necessidade de aumentar os níveis de produção. Caso o fizesse, o governo aumentaria imediatamente os níveis de produção nacional, em um ou dois milhões de barris extra por dia. Para isso seria necessária muita vontade política de acabar com o enorme roubo perpetrado nos campos petrolíferos. Se não existe essa vontade é porque os que roubam não serão os peixes miúdos e sim os graúdos que ocupam cargos elevados na sociedade e que contam com uma grande proteção para o fazer. Muitos pensam que o roubo do petróleo é feito com baldes e garrafas. Essa noção é promovida por histórias de oleodutos em chamas, baldes e bidões abandonados. Os pobres são apanhados por esses fogos e as autoridades aproveitam-se disso para culpar as comunidades locais em vez de admitir a sua incapacidade para proteger e fazer a manutenção dos oleodutos e dos depósitos dos derivados do petróleo.

Um exemplo muito interessante das enormes proporções desse roubo na Nigéria é o caso do MT *African Pride*, um petroleiro nigeriano que foi encontrado perto do terminal de exportação Forcados da Shell, em 2003, com 11000 barris de petróleo bruto autorizados. O petroleiro tinha a bordo uma tripulação de 13 Russos que foram presos pela guarda costeira nigeriana. Em agosto de 2004 fez-se a surpreendentemente descoberta que o MT *African Pride* havia escapado às autoridades sem que estas percebessem. Quando finalmente o encontraram, a sua carga de 11000 barris tinha sido transferida para outro navio e fora substituída no MT *African Pride* por água do mar. Como é que um navio pode escapar à custódia da guarda costeira sem ser visto? É algo para pensar.

Com tantos fatores desconhecidos no sector petrolífero nigeriano, é curioso que o país se esforce por prever a quantidade e a duração da sua reserva de petróleo. É um facto que o governo possui muita informação que está fora do alcance dos cidadãos, mas se ninguém sabe quanto petróleo bruto é extraído, as estimativas das reservas comprovadas e não comprovadas só podem ser pura fantasia. A amnistia oferecida aos bandos beligerantes poderia levar à intensificação da produção do petróleo, mas será que travaria efetivamente o roubo? Acabaria com a extração imprudente e a destruição maciça que tem sido norma ao longo de décadas?

Nos últimos anos, e conforme se esperava, instalou-se uma certa medida de paz. Quando a amnistia foi declarada, esperava-se alcançar a paz por meio de um diálogo holístico, aberto e inclusivo, com uma vasta gama de cidadãos da região e da nação em geral. A certa altura, o colossal orçamento da amnistia parecia ser simplesmente uma forma de alimentar as tropas e cavar mais trincheiras na região. À exceção de alguns projetos de infraestruturas que proporcionaram, esses fundos não poderiam, de modo algum, cortar pela raiz os desafios ambientais do Delta do Níger.

No dia 6 de setembro de 2011 um grande número de pessoas que se intitulavam ex-militares protestou, bloqueando a auto-estrada que liga o oeste da Nigéria ao este, através do Delta do Níger. A resposta do assessor especial do presidente da Nigéria sobre o Delta do Níger e do "Diretor Executivo do Programa de Amnistia Presidencial" lembrou os jovens beligerantes de que:

> no dia 25 de junho de 2009, o governo federal da Nigéria declarou amnistia para pessoas especificas no Delta do Níger, com o objetivo de resolver a visível insegurança na região. Os termos da amnistia pressupunham a vontade e a prontidão dos agitadores para abandonar os seus exércitos, renunciar incondicionalmente a militância e assinar um acordo de compromisso para o efeito. Em compensação, o governo garantiu instituir programas para apoiar o desarmamento, a desmobilização, a reabilitação e a reintegração dos ex-agitadores[3].

Parece que um número crescente de jovens tem procurado ser registado como ex-militante, para beneficiar tanto das regalias financeiras como dos programas de formação no estrangeiro que alguns ex-militantes têm tido. Muitos têm sido enviados para países como a África do Sul, a Malásia e outros, para adquirir conhecimentos sobre a soldadura de oleodutos, entre outros. A soldadura de oleodutos é uma aptidão poética para pessoas suspeitas de terem estado ligadas a atos de sabotagem de oleodutos. Damos ênfase à frase onde se diz que a amnistia foi dada a "pessoas específicas". A verdade é que, com um exército de jovens desempregados na região e com ações de violência a desenvolver-se algures no país, cada vez mais pessoas poderão procurar ser inclusas na categoria de "pessoas específicas". Será que o ciclo continuará?

Tanto a Nigéria como outras nações africanas têm-se visto presas na ratoeira da crise financeira e económica mundial. A porta de saída da crise mais desejada é a mudança para uma extração ainda mais gananciosa dos recursos naturais, como forma de resolver o défice das receitas. Os países procurarão mais ouro, diamantes, cobre e petróleo. Além de imprimir apenas notas monetárias, o impulso da enorme exploração dos recursos naturais atrai sempre líderes que não têm tempo para se sentar a elaborar um plano de libertação dos seus povos. Esse caminho só acentua o conflito e a degradação do meio ambiente – extrair mais madeira, pescar mais peixe, escavar mais minas. E a lista continua.

Os africanos precisam de solo e não de petróleo. O meio ambiente é o berço no qual os africanos foram criados. A extração do petróleo tem obrigado as pessoas a abandonar as suas terras, poluída a água que consomem e envenenado o ar que respiram.

Enquanto a tensão persiste nas regiões petrolíferas do continente e com a iminência do pico do petróleo – a ideia de que a produção máxima das reservas mundiais do petróleo já foi atingida e de que, agora, só pode seguir-se um declínio terminal –, as nações mais perspicazes só podem olhar para a frente com algum receio. No meio da tensão, as companhias que exploram o petróleo no continente continuam a coletar lucros obscenos. Isso, porque as companhias não pagam pelos custos ambientais incorridos pelas suas operações e porque não se presta atenção às dívidas ecológicas. As comunidades locais continuam a arcar com os custos exteriorizados, enquanto as companhias continuam a sorrir aos bancos, protegidos pelos seus acordos de associação e partilha de produção.

A tendência dos lucros feitos pelas companhias petrolíferas nos últimos anos é, na verdade, significativa. Essas companhias coletam lucros, mesmo quando o mundo enfrenta calamidades. Em 2007, a rede de lucros da Shell ascendeu aos $11,56 mil milhões, depois dos $8,67 mil milhões do ano anterior[4]. De acordo com vários relatórios, a Exxon, a maior companhia de petróleo privada, declarou uma subida de 14% dos lucros, para a soma recorde de $11,68 mil milhões – considerado o maior recorde de todos os tempos, para as companhias norte-americanas. No primeiro trimestre de 2008, a Exxon fez aproximadamente $90 000 de lucros por minuto[5]!

O abalo que o sistema mundial sofreu, afetou diretamente a perspetiva económica das nações africanas e, especialmente, a da Nigéria. De certo modo, o maior desafio do estado nigeriano foi o colapso da receita do petróleo bruto, de uma cota de $150 por barril, para uma cota inferior a $40. Os lucros foram feitos mais tarde, em 2009, quando o preço subiu para mais de $50 por barril e, nessa altura, já se repercutiram os tambores em comemoração. Essa queda revelou que, por detrás das pilhas baratas de petrodólares, reside uma sistemática desigualdade a sustentar o "mercado livre" com as suas desvantagens ocultas. E as tão consideradas forças do mercado não estão tão livres ou invisíveis como as instituições financeiras internacionais gostariam de fazer o mundo crer.

Alguns nigerianos estão também preocupados com a possibilidade de, a curto prazo, se abandonar até o petróleo barato do qual a nação depende, devido à real possibilidade de o mundo mudar para as novas fontes de energia alternativas. Se isso acontecer e o petróleo bruto atrair menos atenção, o que será da economia da Nigéria? Embora essas sejam preocupações legítimas, trata-se de uma grande oportunidade para transformar o meio ambiente e, por conseguinte, a economia.

Os petrodólares baratos levaram a Nigéria a acreditar que o problema não era ganhar dinheiro e sim saber como o gastar, conforme disse o líder nacional. Os líderes levaram o país a endividar-se e rebaixaram o seu sentido de nação. Os petrodólares baratos conduziram a política a uma luta pelo controlo do tesouro nacional e a um regime que fez passar uma quantidade maciça de fundos e propriedades públicas para as mãos dos privados. Esse tem sido o visível significado da privatização no país. Os petrodólares baratos abriram as portas ao autoritarismo, sacudindo e virando de pernas para o ar todo o sentido de bem comum e de propriedade coletiva do país.

O esforço para manter a circulação da moeda estrangeira nos cofres nacionais cegou o governo ao facto de que a produtividade dos cidadãos depende muito de um meio ambiente seguro. Os governos africanos não percebem que, nos sistemas económicos sobretudo baseados na subsistência, em que grande parte dos cidadãos prospera à margem da economia formal, a primeira coisa que se deve proteger, para a saúde e produtividade nacional, é o meio ambiente que sustenta o povo, na área da agricultura familiar e de subsistência. A grave incapacidade de compreender essa verdade tem permitido que as companhias petrolíferas (nacionais e transnacionais) operem com impunidade nos campos petrolíferos, poluindo, destruindo e mudando a principal fonte de subsistência do povo africano.

Há a proposta clara de tornar a crise uma verdadeira oportunidade para abandonar um sistema ignóbil e adotar um sistema sustentável. Como se costuma dizer, é preciso sacrifício para se ver o brilho do diamante, especialmente se isso implicar o medo do abandono, da divisão e dos prejuízos.

A questão da queima do gás é, também, uma das que deve ser resolvida com maior urgência. Calcula-se que se queimem 168 mil milhões de metros cúbicos de gás natural a nível mundial e que 13% ocorra na Nigéria (cerca de 23 mil milhões de metros cúbicos por ano). A atmosfera da Guiné Equatorial é fustigada pelas queimas e o território da República Democrática do Congo, de Angola e de outros países é devassado pelos campos petrolíferos. Os vários impactos negativos da queima do gás na saúde são bem documentados e incluem: leucemia, bronquite, asma, cancro e outras doenças.

Em termos económicos, e segundo os cálculos feitos para 2005, a Nigéria, por exemplo, emite anualmente mais de $2.5 mil milhões de fumos de gás. Se assumirmos que essa média é, digamos, de 10 anos estamos a falar de $25 mil milhões; se alargarmos para os últimos 20-50 anos, o número multiplica-se. Por cada ano em que o governo se recusa a agir, os gastos aumentam, a par do número de mortos por envenenamento provocado pelo gás.

Estamos preocupados, pois numa época em que o mundo procura formas de combater o aquecimento global, as companhias petrolíferas mostram-se mais preocupadas em queimar a atmosfera, queimando gases. De acordo com o discurso das agências oficiais do país a propósito das mudanças climáticas, é óbvio que o governo nigeriano não pode alegar desconhecimento do quanto a queima de gás contribui para o aquecimento global. Não há justificação possível para esta ação insalubre e antieconómica.

Segundo se constata a partir de uma comunicação confidencial datada de 1963, da parte do comissariado britânico do comércio, dirigida ao Ministério dos Negócios Estrangeiro do Reino Unido, as companhias petrolíferas praticam essas ações há pelo menos meio século. O documento de pacificação cinquentenário pede que se proceda com urgência a uma análise crítica e à subsequente substituição da política ambiental e socioeconómica[6].

> A necessidade de a Shell/BP continuar, provavelmente a título indefinido, a queimar uma grande parte do gás que produz suscitará, sem dúvida, algumas dificuldades junto dos políticos nigerianos que talvez sejam das ultimas pessoas no mundo a perceber que, por vezes mais vale não se explorar os recursos naturais de um país e que, não podendo senão dar-se conta do enorme volume de gás queimado nos campos petrolíferos, tenderá a acusar a Shell/BP de desperdiçar de forma brutal a "riqueza" da Nigéria. Será interessante ver até que ponto tais companhias sentem necessidade de alimentar essas críticas,

gastando dinheiro em métodos não
económicos de utilização do gás.

A queima regular de gás só seria finalmente proibido na Nigéria
com a Lei para a Reinjeção do Gás Associado de 1979. A secção 3
dessa lei prevê como prazo final 1984, data a partir da qual as
companhias passam a só poder queimar gás se tiverem campos
específicos, autorização legal e certificado ministerial para esse fim.
Ainda existem locais onde é feita a queima e se emite uma mistura
tóxica de químicos para a atmosfera no Delta do Níger. Com essa lei
ofensiva, entre 1970 e 2006, o país perdeu cerca de $72 mil milhões
em rendimento, ou seja, cerca de $2,5 mil milhões anuais[7].

Em 2009, o senado nigeriano emitiu uma lei proibindo a
queima de gás e fixando uma multa, calculada segundo o preço de
mercado do gás. Embora este tenha sido um bom passo, seria mais
necessário proibir imediatamente a queima de gás, mesmo que isso
implicasse o encerramento dos poços de petróleo ofensores. A carta
de proibição do senado, contudo, não se tornou lei, visto que a
câmara dos deputados protelou e não fez qualquer progresso, até ao
término do mandato, em maio de 2011.

Surpreendentemente, em 2009 o governo, para combater a
desertificação e o desflorestamento do país, o Chade baniu a
utilização de lenha e de carvão vegetal como fonte de combustível
para cozinhar. Esperava-se que os cidadãos usassem o fogão a gás e
não a lareira para cozinhar. Embora essa tenha sido uma solução
teórica para as mudanças climáticas, a questão é: será que essa lei
tomou em consideração a realidade económica dos cidadãos? Seriam
as alternativas dadas acessíveis? Que investimento fazia o governo
para melhorar as condições de vida das pessoas? Com a exceção da
refinaria que os chineses irão construir perto de Njamena, todo o
petróleo que está a ser extraído atualmente no Chade é canalizado
para fora do país, por meio dos oleodutos do Chade e dos Camarões
da ExxonMobil, financiados pelo Banco Mundial. Devem tomar-se
todas as medidas possíveis para combater o impacto negativo da
utilização indevida de combustível sobre a saúde. E a primeira coisa
a fazer não é extinguir o fogo debaixo das nossas panelas e sim rever
a utilização das riquezas nacionais disponíveis, bem como travar as
atividades que reduzem o sustento das pessoas.

O fim da queima do gás marcará o grande passo para a
desintoxicação tanto do Delta do Níger como de outros campos de
petróleo na África. As outras medidas urgentes a tomar são duas.
Primeiro, proceder imediatamente à auditoria de todos os derrames

de petróleo, das lamas de perfuração e das descargas das escavações, bem como à gestão da água de produção e de outros incidentes poluidores em todo o Delta do Níger. Segundo, dar início a uma limpeza profunda do meio ambiente, de acordo com os níveis internacionais estabelecidos pela OMS, para a água potável limpa e segura e a qualidade do ar.

Tais medidas poderiam permitir que as pessoas praticassem agricultura e pescassem, na esperança de obter algum rendimento para sobreviver. A expectativa de vida também aumentaria, para além dos atuais 41 anos, visto que o meio ambiente se tornaria, mais uma vez, amigo das pessoas.

De acordo com o relatório de avaliação do meio ambiente de Ongoniland, realizado pelo Programa das Nações Unida para o Meio ambiente (4 de agosto de 2011), limpar a água poluída levará pelo menos 30 anos. É o mesmo que emitir a certidão de óbito do território.

O petróleo como fonte principal de lucro ou mesmo de energia não tem futuro. O petróleo já passou à história. Como o continente mais vulnerável ao impacto das mudanças climáticas, a África deveria tomar a dianteira no combate às mesmas, negando concessões para a exploração do petróleo. Entretanto, os campos de exploração já existentes poderiam continuar a ser explorados, enquanto se procura vigorosamente outras alternativas. Travar a concessão de novos contratos de exploração não significaria uma maior perda de lucros. Os governos africanos deveriam rever os atuais contratos de exploração do petróleo, para ver se estão a dar receitas que compensem os impactos negativos sofridos pelas comunidades na linha de fogo. Uma das questões fulcrais a colocar aos governos africanos seria a de saber se acreditam que os lucros obtidos pela venda do petróleo seriam suficientes para limpar e recuperar o meio ambiente afetado pela extração petrolífera. Se a resposta for não ou, até, talvez, eles só poderão sentir vergonha por aceitarem o contrassenso que representa a exploração petrolífera.

O petróleo que persiste no subsolo ainda pertence aos africanos. Não devem explorar todos os recursos, só por eles existirem. É senso comum.

O pico do petróleo é uma realidade geológica. Tendo o mundo já usado mais de metade de todas as reservas atualmente comprovadas, a curto prazo, o pico da produção será alcançado[8]. estima-se que a Nigéria já tenha atingido o pico do seu petróleo há alguns anos. O plano de aumentar os níveis de produção de cerca de dois milhões de barris de petróleo por dia para quatro milhões de barris em 2010, ou para 5,2 milhões de barris por dia, até 2030, pode ser atingido sem se abrirem novos poços de petróleo.

Considerações económicas ou como isso pode ser feito

O Enviromental Rights Action/Friends of the Earth Nigeria (ERA) apresentou uma proposta de solução para deixar o petróleo nigeriano no solo, sem provocar alterações no tesouro nacional. A organização defende que a proposta pode ser utilizar em qualquer país africano, uma vez que a podem adequar às realidades locais.

Começa-se por se assumir que a Nigéria estaria em condições de aumentar a produção do petróleo a partir de 2015 para, digamos, dois milhões de barris por dia, a partir de novos poços que não devem ser entregues a licitantes. Se travasse os gananciosos ladrões de petróleo, o país conseguiria imediatamente os dois milhões de barris. Partindo do princípio que só se poderia recuperar um milhão de barris por dia, o país teria de procurar o outro milhão, até 2015.

Se não extraísse o petróleo novo do solo, a Nigéria manteria a atmosfera livre dos consequentes gases de efeito estufa.

Seria uma medida direta de contenção do aquecimento global, por meio de uma tecnologia infalível para isolar o carbono. Trata-se de uma medida totalmente comprovada que não requer transferência de tecnologia, nem qualquer tipo de tratado ou parceria internacional.

O ERA reconhece que se Nigéria comercializasse essa quantidade de carbono, por meio de um mecanismo de mercado disponível para rastrear as mudanças climáticas, conhecido como o Mecanismo para o Desenvolvimento Limpo, o país arrecadaria boas receitas, mantendo o petróleo no subsolo. Mas o ERA não apoia o emprego dos mecanismos do mercado para tais propósitos. Pelo contrário, sugere que travar o roubo do petróleo e a fuga de capitais da Nigéria permitiria alavancar a economia e compensar as possíveis perdas previstas de lucros do crude. O pagamento de dívidas climáticas do mundo industrializado às áreas mais afetadas pela mudança climática seria outra estratégia crucial para garantir que locais como o Delta do Níger fossem limpos por quem deles beneficia.

Mas mesmo sem tais pagamentos, o melhor será deixar o petróleo no solo. O ERA adota uma hipótese conservadora dos preços, isto é, se o preço do petróleo bruto for estabilizado em $60 por barril, nos próximos anos, o acréscimo de um milhão de barris por dia traria uma receita diária de $60 milhões, ou uma receita anual de $21,9 mil milhões. Agora, se a população da Nigéria chegasse aos 140 milhões habitantes, cada cidadão teria de comprar

$156,4 do património do petróleo bruto por ano.

Se tivermos em conta os custos de produção (o salário dos funcionários, os pagamento aos militares, etc.) e os lucros da companhia, podemos seguramente dizer que os cidadãos ganhariam muito menos do que $156,4 por ano.

A organização propõe que o país opte por manter o petróleo no solo, em vez de persistir na exploração de novos campos petrolíferos, com a poluição, a violação dos direitos humanos e os sistemas políticos mal elaborados que isso acarreta, pedindo a todos os nigerianos que paguem obrigatoriamente até $156 por ano para um fundo ou uma taxa de solidariedade do petróleo. Essa medida promoveria receitas adicionais para a reutilização dos atuais campos petrolíferos, incluindo os encerrados.

O ERA reconhece que nem todos os nigerianos terão capacidade para pagar $156 por ano aos cofres nacionais, mas espera que 100 milhões paguem de livre vontade, se os benefícios forem publicados com zelo. Os que pudessem pagar mais, cobririam o valor dos 40 milhões que não podem pagar. Para se alcançarem os lucros previstos, poderia fazer-se a venda simbólica de alguns barris a agências internacionais de ajuda, a filantropos e a outros países.

Além disso, até 2015, a população da Nigéria há de crescer[9] e, portanto, a taxa a pagar há de diminuir. O ERA considera também que, com a redução da corrupção e uma governação mais transparente, a moeda local tornar-se-ia mais forte. Se isso acontecer, a naira equivalente do valor a contribuir por cada nigeriano decresceria. Note que essas contribuições não só teriam de começar em 2015, o que daria tempo suficiente ao governo para enviar caravanas pelo país, para explicar às pessoas as vantagens desse progresso político-económico.

Algumas vantagens de manter o petróleo no solo:
- Mantém o carbono no solo e, por conseguinte, combate as mudanças climáticas
- Deixam de ocorrer derrames de petróleo e queimas de gás a partir de novos campos petrolíferos
- Trava-se a destruição do meio ambiente das comunidades ou do alto mar
- Eliminam-se os problemas socioeconómicos relacionados com as atividades nos campos petrolíferos
- Acaba-se com a natureza corrupta do exercício de alocação dos blocos petrolíferos
- Terminam o transporte ilegal e outras formas de roubo do

139

petróleo, visto que o petróleo seria deixado no subsolo
* Cria-se um ambiente seguro e limpo
* Redução ou, até, eliminação total dos conflitos violentos dos campos petrolíferos.

A proposta avança que a melhor solução para África é travar o desenvolvimento de novos campos de petróleo e deixar o petróleo no solo, porque África não se pode dar ao luxo de continuar a permitir a desconexão entre o governo e o povo que é forçado a entrar nas franjas da economia nacional formal, representando 42% do PIB africano (2002)[10]. A África não pode aceitar permanecer na armadilha de ser um fornecedor de matéria-prima a um preço externamente determinado e com os custos ambientais não observados.

Décadas de extração de petróleo na Nigéria traduziram-se em milhares de milhões de dólares que resultaram apenas na miséria de várias pessoas. O país é um modelo a ser evitado e já é tempo de a África recuar e rever a situação em que foi mergulhada. A preservação do meio ambiente, a restauração de córregos e terras poluídas, bem como a recuperação da dignidade dos povos só acontecerão quando os cidadãos abandonarem a extração de barris de petróleo bruto e compreenderem que o solo é mais importante para o povo do que o petróleo e a sua pilhagem.

O licenciamento de blocos petrolíferos tornou-se um bazar na Nigéria[11]. Trocam-se taxas de assinatura elevadíssimas, como se os intervenientes fossem estrelas de futebol ou de música. Isso significa que existe algo fundamentalmente defeituoso na empresa inteira. Desde os relatórios de auditoria realizados para as Iniciativas de Transparência das Indústrias Extrativas Nigerianas, às ditas taxas de assinatura que não são tratadas de forma aberta. Por outras palavras, algumas delas entram em cestos furados. Antes da ascendência do petróleo bruto ao produto que rende mais divisas ao país, a Nigéria era mais rica pelos seus produtos agrícolas. O petróleo bruto trouxe ações em todas as esferas da vida da nação. Espera-se que se o petróleo for deixado no solo, a África tenha um futuro melhor, visto que as suas nações ignorariam o petróleo e manteriam uma plataforma económica estável, de onde avançaria para níveis mais elevados. Isso aconteceria possivelmente através da agricultura, com estruturas governamentais coadjuvantes. A dependência nas receitas do petróleo deve terminar, para se resgatar a psique grandemente prejudicada e construir um sentido de compromisso com a construção da vida nacional.

Pensando bem, se todos os africanos tivessem de contribuir para a sua economia nacional, ficaria claro para os políticos que, quando utilizam mal os fundos públicos estão, na verdade, a roubar pessoas que sofrem e não uma pilha invisível de ouro negro, diamante ou cobre.

Os debates e as medidas para reduzir as mudanças climáticas devem mudar e confrontar a causa principal da crise. Para isso, é preciso fazer uma apreciação calma das relações socioeconómicas que originaram a crise. A humanidade tem necessariamente de redescobrir que faz parte de um cosmos e não pode ser maior do que um todo. O atual modo de produção orientado pelas energias fósseis e extrativas não é sustentável. O interesse empresarial orienta o impulso intransigente para um ponto catastrófico, independentemente do facto de ser geralmente aceite que vivemos num planeta finito. Quando e por que razão é que a humanidade abdicou do seu direito de viver sensatamente, aceitando antes a crença empresarial na ganância? O que pode ser feito para se restaurar algum semblante de equilíbrio?

141

Remar contra a maré, unidos por laços de sangue

Atacaram com as tropas montadas
Atacaram com as tropas montadas
A inspirar vinagre sob os lenços
Até as armas montadas caírem e os exaltados
desaparecerem
Desenvolveram sinergia e espalharam energia
Estava na altura de ligar os tiranos nos mapas
Reuni-los e reduzir-lhes o poder

Está na altura de desempoeirarmos as armaduras
de cartão
e os capacetes de lata
De lhes ripostar as balas de plástico & cuspir nos
rostos franzidos
Chegámos à fase crucial em que os potes e as
panelas
a tilintar
E também os sapatos a voar
Devem defender o que sabemos ser seu dever
Está na altura de retirarem as presas
ensanguentadas
das nossas veias dilaceradas

Despertados dos nossos pesadelos, devemos agora
sonhar e agir
Partiram os dentes aos vermes sanguinários
para eliminar a amnésia coletiva
Hoje sabemos que o razoável é pedir o irrazoável

Para recuperarmos a nossa memória de orgulhosos
guerreiros
como devemos
E saudar os vencedores
E os vivos e os mortos no Egito e na Tunísia[1].

RESISTÊNCIA É ADVOCACIA para uma mudança positiva, participativa e inclusiva. A violação descarada da África requer resistência contínua, consoante as circunstâncias. Sem resistência, a África permanecerá na panela, como o provérbio do sapo na panela, mal reparando no aumento de temperatura, quanto mais nas outras muitas questões de sobrevivência, até ser cozida no caldeirão.

O enfoque temático dos Amigos da Terra Internacional (FoEI), uma federação manifestamente internacionalista de grupos ambientais autónomos, sugere um caminho que deveria ser adotado e posto em prática. O seu estrondoso lema, "Mobilizar, Resistir, Transformar!", apresenta-nos um modelo que, quando contextualizado, pode construir uma força formidável para uma África – e, de facto, um mundo – que dê primazia à justiça. Concentrámo-nos na África, mas o apelo é dirigido a todos os cidadãos do mundo. Não importa o quão poucas ou inofensivas sejam as injustiças à nossa volta, objetivamente, esta situação exige que mobilizemos forças, resistamos contra as injustiças e trabalhemos coletivamente para trazer a tão almejada transformação.

Mantenhamos isso em mente, enquanto procuramos formas de eliminar as chamas que consomem o continente, bem como de abrir caminho à recuperação da soberania dos povos e à defesa dos melhores interesses da Mãe Terra. Para além da construção do poder do povo, é fundamental recuperar os bens comuns das mãos das empresas e desmercantilizar a natureza, os espaços e os relacionamentos.

Visões pós-coloniais e reações neocoloniais

Nunca houve um período em que a África tivesse sido pilhada sem alguma forma de resistência. As reações oficiais à resistência continuam a seguir o mesmo caminho: criminalização e aniquilação. Podemos encontrar raízes históricas nas batalhas pré-coloniais pela África e nos acontecimentos atuais. A criminalização da divergência era uma forma de travar os nacionalistas que tentavam cimentar caminhos independentes passíveis de anunciar a chegada da independência económica.

Essa visão foi captada num discurso de Samora Machel, em que

143

ele dizia, "o nosso objetivo final é içar uma bandeira diferente da portuguesa, ou realizar eleições gerais – mais ou menos honestas –, nas quais sejam eleitos negros e não brancos, ou ter um presidente negro em vez de um governador branco". A isso acrescentava que "afirmamos que o nosso objetivo é ganhar a independência total, estabelecer o poder do povo, construir uma nova sociedade sem exploração para beneficiar a todos aqueles que se consideram moçambicanos[2]".

Várias são as grandes figuras africanas com essa visão que já não estão entre nós. Referimo-nos, por exemplo, ao primeiro-ministro congolês Patrice Lumumba, assassinado em 1961; a pessoas mortas durante a Guerra de Libertação, como Eduardo Mondlane de Moçambique, em 1969, Amílcar Cabral da Guiné, em 1973, do zimbabueano Herbert Chitepo, em 1975, e dos sul-africanos Steve Biko, em 1974, Ruth First, em 1982, e Chris Hani, em 1993; a Machel que perdeu a vida na conveniente queda do avião em que seguia, no espaço aéreo sul-africano, em 1986; a Thomas Sankara, do Burquina Faso, assassinado em 1987; e a Ken Saro-Wiwa, executado em 1995.

Uma rápida revisão dos acontecimentos que levaram ao assassinato de Lumumba oferece um conhecimento mais aprofundado sobre o poder do açambarcamento de recursos, hoje apelidado de segurança energética, na desestabilização das nações, sob o pretexto da construção democrática. Quando, em 1959, o poder colonial belga no Congo anunciou um programa de transição de cinco anos, nacionalistas como Lumumba viram isso como um passatempo para atrasar o processo de independência e instalar fantoches que pudessem seguir as ordens dos mestres coloniais. Depois da rejeição dessa prolongada transição, os colonialistas belgas semearam o terror entre os dissidentes, matando 30 congoleses, durante um conflito em Stanleyville, e detendo Lumumba, sob acusações forjadas de promoção de tumultos.

Os belgas foram forçados a convocar eleições mais cedo do que o previsto e o partido de Lumumba, o MNC, ganhou com uma vitória esmagadora de 90% dos votos, em Stanleyville. Com a mudança dos acontecimentos, o governo colonial começou a debater mais seriamente o processo de libertação. Numa mesa redonda realizada em Bruxelas, em janeiro de 1960, foi obrigado a libertar Lumumba, para facilitar a sua participação. Nessa mesma reunião, marcou-se 30 de janeiro como data da Independência, depois das eleições. O MNC obteve uma clara vitória nas eleições e Lumumba foi convidado a formar um governo como primeiro-ministro, enquanto

144

Joseph Kasavubu ocupava o cargo de presidente. Patrice Lumumba esteve apenas seis meses no poder, antes de ser assassinado a mando de um oficial das Forças Armadas belgas e apesar da proteção que lhe proporcionavam as Nações Unidas, na sua viagem a Stanleyville, uma área controlada pelos seus apoiantes.

A revolta das Unidades das Forças Armadas congolesas opostas ao comandante belga deu oportunidade à província de Katanga, rica em minerais, para anunciar a cisão. Sob a proteção dos nacionais belgas, o exército colonial foi a Katanga defender e alimentar a cisão dirigida pelo infame Moise Tshombe. Com o novo governo ainda em fase de adaptação, o primeiro-ministro e o presidente entraram em conflito e o coronel Joseph Mobutu, líder do exército congolês, tomou o poder num golpe de estado militar. O caminho para a pilhagem do Congo, mais tarde chamado Zaire, foi então preparado nas terras manchadas de sangue de Katanga. Mais do que outros países ricos em recursos da África, a RDC continua peculiarmente volátil devido à sua abundante reserva de recursos.

No Quénia, a luta pela independência assentou mais na resistência do povo que era mero arrendatário da sua própria terra. Nos anos 50, a resistência dos Mau Mau exerceu muita pressão sob os açambarcadores de terra britânicos. No auge do conflito, os britânicos trouxeram tropas da Inglaterra e bombardearam as zonas de Aberdares e do Monte Quénia. Nos confrontos subsequentes, 100 britânicos perderam a vida, enquanto milhares de quenianos foram mortos em combate ou enforcados[3].

Será que a África foi pacificada pela retirada ou deposição dos líderes nacionalistas mais progressistas, nos anos pós-independência? Será correto caracterizar a África de hoje como um continente dirigido por líderes militares sanguinários que se especializam no uso de crianças como soldados e na pilhagem dos recursos em rios de sangue? Será a África um continente voltado contra si próprio e abandonado por todos – exceto os tão almejados recursos minerais e, agora, terras? O que encontramos numa análise aprofundada é uma rede de resistência que não foi destruída pelos anos de repressão. As lutas que emergiram tomaram muitas formas, especialmente através da organização da sociedade civil ou através de manifestações populares. Comecemos, contudo, com o poder das mulheres.

O poder das mulheres

Quando se escreve a história completa das lutas populares pela liberdade, não se pode ignorar os papéis desempenhados pelas mulheres. Em termos militares, as Amazonas de Dahomey[4]

145

destacavam-se pela sua bravura em combate. Eram um exército feminino de guarda-costas do rei de Dahomey que também participava nas batalhas. A formação nasceu no século XVIII e durou mais de 100 anos. As Amazonas eram uma força de 6000 a 8000 mulheres, quase um terço do exército de Dahomey. Encontrávamos tropas semelhantes em Ashanti, hoje o território do Gana, formados por mulheres corajosas e hábeis[5].

Embora o papel das mulheres no desenvolvimento político da sociedade africana dificilmente seja considerado significativo, a verdade é que elas não só constituem a maioria da mão-de-obra informal e do sistema de produção de alimentos, como também são grandes participantes na esfera política. Os tumultos provocados pelas mulheres de Aba contra os impostos injustos na Nigéria (1928-1930) e a mais recente resistência feminina no Delta do Níger ao ousado comportamento das companhias petrolíferas no território delas, destacam-se como exemplos vivos de que as mulheres sempre estiveram na vanguarda da luta pela mudança.

No combate à impunidade ambiental da Chevron, as mulheres do Delta do Níger serviram-se do poder dos seus corpos nus, para ocuparem e encerrarem instalações petrolíferas, entre 2002 e 2003. Seguindo a deixa dessas mulheres do Delta do Níger, "multiplicaram-se os protestos de pessoas nuas, porque as mulheres se sentiam inspiradas a despir tudo para se oporem aos ataques de Bush conta o Iraque[6]". A opção de nudez foi a suprema arma que as mulheres empunharam contra as agressivas empresas petrolíferas. De entre as suas estratégias, destacavam-se também o rompimento dos acordos feitos entre homens e empresas que não respondessem às queixas basilares das mulheres – tais como a flagrante destruição dos seus espaços de pesca e terras de cultivo pelos derrames de petróleo e as queimas de gás. As mulheres estabeleceram igualmente alianças com outros homens, consolidando, assim, as suas demandas pela proteção dos meios de subsistência e pelo emprego para os maridos e os filhos.

Nestas ações de resistência não-violentas levadas a cabo por mulheres, Felicia Itsero, na altura com 67 anos, disse aos monitores de campo da Ação pelos Direitos Ambientais:

> Estamos cansados de reclamar. O governo nigeriano e a sua Chevron tratam-nos como escravos. Depois de 30 anos, o que a Chevron tem a mostrar, para além desse campo enorme cheio de máquinas

barulhentas? Ameaçam que, se fizermos estardalhaço, interrompem a produção e deixam a nossa comunidade. Dizem que isso nos fará sofrer, como se nos estivessem a beneficiar. Até aos anos 70, quando não tínhamos cá a Chevron, a vida era natural e doce; éramos felizes. Quando íamos aos rios pescar ou às florestas caçar, trazíamos todos os tipos de peixe e animais selvagens. Hoje, a experiência é triste; sugiro que abandonem por completo a nossa comunidade e nunca mais voltem. Notem que nos aparecem aqui na comunidade, de dia e de noite, raparigas menores, vindas de Lagos, Warri, Benin City, Enugu, Osun e doutras partes da Nigéria, atrás de homens brancos e funcionários da Chevron. Estão a prostituir-se e a espalhar muitas doenças. É uma longa e triste história[7].

O legado de Saro-wiwa

O auge da organização não-violenta da Nigéria foi alcançado na batalha de Ogoni, vencida pelo Movement for the Survival of the Ogoni People (MOSOP), sob a liderança de Ken Saro-Wiwa. O povo Ogoni organizou-se, formando o grupo MOSOP, em agosto de 1990, e rapidamente formou a fundação Ogoni Bill of Rights[8]. A Ogoni usou a Bill of Rights para articular as suas queixas contra o estado nigeriano e, também, contra a Shell Petroleum Development Company que operava na sua terra. O documento impunha igualmente a exigência do povo Ogoni de que o governo nigeriano procedesse à sua integração político-económica, sem prejuízo do seu direito ao desenvolvimento como povo. Ademais, exigiam a paralisação das atividades destrutivas de extração de petróleo da Shell e a recuperação do meio ambiente. Se os observadores esperavam que a emergência da MOSOP fosse uma moda passageira, estavam enganados. Sob a liderança do carismático Ken Saro-Wiwa, a MOSOP tornou-se o movimento das massas de Ogoni e galvanizou apoios de dentro e fora da Nigéria. Contou também com a adesão de jovens, mulheres e estudantes. Era uma força que não se podia ignorar.

Embora a MOSOP pregasse o evangelho da não-violência, já sob controlo militar, o aparelho de estado nigeriano optou por utilizar a força para silenciar as vozes da comunidade. O povo esperava que o governo respondesse positivamente às suas exigências, mas sofreu um choque rude. O governo militar instituiu um grupo de força militar especial para lidar com o povo Ogoni. Esse grupo especial foi a mãe da *Task Force* Militar Conjunta – popularmente chamada de JTF [*Joint Task Force*] - que passou a tratar da dissidência no Delta do Níger.

O referido grupo militar lançou vários ataques contra o povo Ogoni liderados pelo conhecido Coronel Paul Okuntimo que, depois de semear o caos entre o povo, ainda se gabava repetidamente de conhecer mais de 100 formas de matar uma pessoa, mas que, até à data, só tinha experimentado algumas. Nessa altura, os militares investiam as suas forças logísticas e financeiras em operações desnecessárias contra Ogoniland. Até 1993, o povo Ogoni expulsou permanentemente a Shell das suas terras. O enforcamento de Ken Saro-Wiwa, em novembro de 1995, após um "tribunal canguru" lhe ter sentenciado a pena de morte, sob acusação de envolvimento no assassinato de quatro líderes ogoni, só veio intensificar a decisão do povo Ogoni em impedir a Shell de regressar às suas tão cobiçadas terras.

No final de 2009, a Shell e o governo da Nigéria contrataram o Programa Ambiental das Nações Unidas (PANU), para avaliar o nível das suas décadas de poluição produzida em Ogoniland. Surgiram dúvidas sobre se o relatório não estaria fatalmente comprometido, pelo facto de a Shell ter financiado o processo. A controvérsia foi levada ao rubro, com a notícias de que um oficial do PANU teria dito que os nativos eram responsáveis por 90% dos derrames de petróleo em Ogoniland. No calor da controvérsia, a Shell afirmou ter doado $9 milhões para a avaliação, baseando-se no princípio do poluidor-pagador. Essa admissão de cumplicidade contrasta com as anteriores declarações persistentes de que a empresa não poluía.

Enquanto uns podem ver a parceria Shell-UNEP como exemplo de cooperação público-privada, através da qual a entidade pública é contratada para avaliar os danos criados pela entidade privada, outros podem vê-la como perfeita para uma metáfora diferente: os governos como bajuladores das empresas. Se a Shell tivesse razão, ao dizer que nenhuma outra companhia petrolífera a operar na Nigéria poderia fazer melhor do que eles em termos de ações sociais, ambientais e não só, então, chegaríamos a uma conclusão muito diferente: a de que nenhuma companhia petrolífera deve operar no Delta. Os Ogoni têm fortes motivos para insistirem em deixar o seu petróleo no subsolo e que se encontra atualmente na posse de grupos da sociedade civil, como a Ogoni Civil Society Platform e a Ogoni Solidarity Forum.

A organização comunitária continuou na região. Grupos como o de Chikoko levantaram-se na ocasião e trabalharam com o Conselho da Juventude de Ijaw para defender a Declaração de Kaima, em dezembro de 1998. A continuação da Operação Mudanças Climáticas em janeiro de 1999, com o objetivo de apagar as queimas de gás na região foi acolhida com extrema brutalidade[9]. A Avaliação Ambiental que o PANU fez de Ogoniland afirmava que as queixas do povo Ogoni e, por extensão, de outras comunidades detentoras de petróleo, se arreigavam em factos reais e não fictícios. Nalguns lugares, a água de que dependia o povo apresentava níveis de benzeno 900 vezes superiores aos níveis máximos aceites pela Organização Mundial de Saúde. Noutros lugares, o solo estava poluído por hidrocarbonetos, até uma profundidade de 5m.

A resistência à Shell, da Chevron e de outras companhias petrolíferas internacionais permanece imutável e as suas atividades extrativas continuam a destruir e a degradar o ambiente, como sempre o fizeram. É verdade que já adotaram um discurso mais polido, mas isso foi praticamente a única coisa que mudou, no processo de perfuração e destruição dos campos de África.

As ligações da Oilwatch International

Uma das maiores respostas da sociedade civil surgiu em 1996, com a fundação de uma rede Sul-Sul da Oilwatch International. Foi em Quito, no Equador, que a organização deu os primeiros passos, ramificando-se pelo mundo fora, sobretudo no Sul, mas também no Hemisfério Norte. A diferença notável que a Oilwatch introduziu foi dar voz e trazer solidariedade às organizações comunitárias que tentavam desesperadamente defender o seu meio ambiente. A fase embrionária da Oilwatch foi incubada nos escritórios da Acción Ecológica, uma organização de ativistas apaixonados pela saúde do meio ambiente equatoriano que se opõe veementemente à poluição ambiental do Oriente Equatoriano e se dispõe a trabalhar com as comunidades para exigir a mudança.

Embora pragmática nas suas exigências, a Oilwatch manteve-se resolutamente contra a destrutiva extração de combustível fóssil, investindo o seu tempo na capacitação de monitores ambientalistas comunitários, para zelar pelo meio ambiente. Uma vez que os monitores não são académicos ou profissionais formados na investigação, os seus relatórios não podem ser utilizados nos julgamentos, sempre que os sistemas judiciais adversários exigirem testes laboratoriais com amostras de água, solo e ar, para se apurar com precisão a identidade e a data de ocorrência dos poluentes, bem como os responsáveis pela sua introdução no meio ambiente.

Na Amazónia Equatoriana – no Lado Agrio, em Jacinto ou qualquer outro lugar em Sucumbios –, contudo, esses monitores têm uma boa formação para conhecer os constituintes poluentes dos derrames de petróleo, das águas residuais, das lamas de perfuração, das queimas de gás e de outros produtos tóxicos derivados do petróleo industrial. Têm formação para tomar nota das alterações dos bioindicadores no seu meio ambiente. Por exemplo, se uma planta verde começar a amarelar, murchar e morrer, devem tomar nota disso e, depois, verificar se foram conduzidas quaisquer atividades humanas ou industriais nessa zona. Os monitores também têm formação para identificar alterações no estado de saúde da população e nos padrões demográficos.

Para a Acción Ecologica, trata-se de uma abordagem importante, na construção de brigadas de eco-defensores. Tinham um campo de supervisão na mata Amazónica, fora do Lago Agrio – um campo gerido de forma sustentável, com sistemas de painéis solares e água residual reciclada. Era daí que lançavam regularmente as suas incursões de supervisão.

A resistência surgira devido à poluição maciça e descarada produzida na Amazónia pela Chevron-Texaco, durante anos de exploração descontrolada, ao empobrecimento ambiental desenfreado e à manipulação enganosa das comunidades insuspeitas. Em suma, acerca da relação da empresa com as comunidades nas quais operam, a Oilwatch constatou:

> A companhia não só evita assumir responsabilidades pelas suas ações, como também aplica uma "solução" simples para confrontar as exigências das sociedades locais onde opera. Quando negoceia licenças e tenta eliminar resistências, oferece tudo o que os estados não dão aos seus cidadãos, mas, quando o povo reclama pelo não cumprimento dessas promessas e pelos danos que as suas operações provocam no meio ambiente, com a destruição da propriedade e as violações dos direitos humanos, a companhia acusa o

Estado. É uma situação de vantagem
mútua para a Chevron-Texaco[10].

As marcas que a Chevron-Texaco deixou no meio ambiente do
Equador acabaram por forçar a abandonar o país, deixando o seu
legado à Petrocuador que, com esse ponto de partida, estava
destinada a cair na rede de reservatórios tóxicos e veneno. Depois de
embarcar numa excursão sobre a poluição da Venezuela, de
Curacao, do Peru e do Equador em 1997, fiquei surpreso com a
enorme sombra de mortes deixada pela Chevron-Texaco. É preciso
agir com impunidade e uma mente fria para fazer negócios da forma
como fazem as grandes companhias petrolíferas que operaram em
todo o sul. A minha viagem fez parte de uma visita de troca de
experiências da Oilwatch International, onde também vi ativistas da
América latina a visitar o Delta do Níger na Nigéria. Realizaram-se
vários eventos de troca de experiências entre países africanos. Entre
países como a Angola, a África do Sul, o Mali, Moçambique, o
Gabão, os Camarões, o Chade, a Nigéria e o Gana.

A espoliação da Amazónia equatoriana pela Chevron-Texaco
ultrapassa até a Shell na Nigéria. Além da queima de gás, do lixo
tóxico e dos outros tipos de veneno que despeja na Amazónia, a
Chevron-Texaco incendeia regularmente lagoas petrolíferas
causando, assim, uma chuva de petróleo que cobre tudo de sujidade
– telhados, roupa a secar no estendal, culturas e gado. A verdade é
que não podemos descurar a poluição do petróleo que não
desaparece por si só, como ainda podemos constatar no Equador,
vários anos depois de a Chevron ter saído.

A justiça foi finalmente feita em 2011: a Chevron recebeu uma
multa de $8,6 mil milhões por poluir gravemente a Amazónia
equatoriana com derrames de petróleo, entre 1964 e 1990. Tendo
comprado a Texaco em 2001, a Chevron herdou-lhe todas as
responsabilidades.

O processo contra a Chevron começou por ser julgado num
tribunal de Nova Iorque, com os queixosos a pedirem $27 mil
milhões num primeiro caso que foi arquivado em 1993. Mas, com a
expectativa de conseguir intimidar um juiz do terceiro mundo, a
empresa conseguiu convencer o tribunal de que o lugar legítimo para
julgamento seria o Equador. Os queixosos e a sua equipa jurídica
jovem, contudo, foram firmes. Num comunicado divulgado logo
depois de a sentença ter sido proferida, a Chevron declarou que "a
sentença do tribunal do Equador era ilegítima e não aplicável" e que
"resultou de uma fraude, sendo contrária às evidências científicas

151

legitimadas". Essa declaração insinuava várias ameaças: "A Chevron não acredita que a sentença de hoje seja aplicável em qualquer tribunal que observe a lei [...] a Chevron pretende fazer com que os autores desta fraude sejam responsabilizados pela sua má conduta." É claro que a Chevron interpôs recurso contra a sentença, mas viu a multa ser-lhe duplicada, por recusa em aceitar a sentença e pedir perdão.

Companhias como a Chevron fazem de tudo para não assumir responsabilidades, mesmo quando são apanhadas em flagrante, com a arma na mão. Os habitantes da região sofrem os impactos da poluição na sua saúde: contraem diversas doenças como cancro, doenças sanguíneas e outras. A empresa também abandonou oleodutos que normalmente se encontram à superfície e, por vezes, a população tem de passar por baixo deles para entrar em casa. Uma das maiores atrocidades da "responsabilidade social corporativa" foi a utilização de lama tóxica das escavações no fabrico dos tijolos para a construção das escolas da região. Vários relatórios referem que o lixo tóxico das atividades petrolíferas foi espalhado pelas estradas da comunidade, como se fosse um serviço social. O mais triste, porém, é que mesmo depois de as operações terem sido tomadas pela companhia nacional de petróleo, Petroecuador, ainda parece não haver grande respeito pelo meio ambiente ou pela população da região.

Talvez a Chevron tenha procurado distrair as atenções do veredicto no Equador, atravessando o Atlântico até aos vales manchados de sangue e encharcados de petróleo do Delta do Níger. A ligação e o momento eram inevitáveis. A companhia anunciou com grande alardo uma injeção de $50 milhões, com o pretexto de alavancar o desenvolvimento económico e resolver os conflitos na região – para os quais, deve se dizer, a companhia admitiu ter contribuído. O seu objetivo era canalizar os fundos por via da Iniciativa de Parceria do Delta do Níger e a Agência dos Estados Unidos para o Desenvolvimento Internacional (USAID). Mas é tudo fogo de vista, porque a companhia só contrata uma pequena fração dos milhões de pessoas que empobreceu com a destruição dos rios, pântanos, campos agrícolas e florestas das quais elas dependem para a sua sobrevivência. Os poucos milhões utilizados no desenvolvimento da comunidade não podem compensar os derrames de petróleo, a queima do gás e o despejo de outros lixos tóxicos.

A companhia tem muito dinheiro e tempo, mas os pobres indígenas e os *campesinos* da floresta da Amazónia, ou no Delta do Níger não têm nem uma coisa, nem outra. Para os pobres, trata-se de uma luta pela sobrevivência, enquanto que, para os magnatas do petróleo, se trata de uma questão de imagem. Quando comprou a Texaco, a Chevron deveria saber claramente de que lhe adquiriram não só os bens, mas também as responsabilidades.

Da Amazónia para o Ilaje

A Chevron Texaco é acusada de graves violações dos direitos humanos nas comunidades do Ilaje, no Delta do Níger. Num incidente ocorrido na plataforma de petróleo de Parabe, a 28 de maio de 1998, os ataques da Chevron envolveram o exército nigeriano a bordo de helicópteros providenciados pela companhia. Foi um caso de execução sumária de jovens desarmados, de tortura e destruição arbitrária de vidas e propriedades. Seguiu-se um processo-crime nos Estados Unidos, no Tribunal Distrital de São Francisco em que, embora o júri tenha inicialmente decidido contra os autores do processo em *Bowoto et al versus Chevron*, o contexto certamente demonstra a evidente injustiça socioeconómica, ecológica e política que domina a região.

Mais de 20% da produção total do petróleo da Chevron Texaco na Nigéria provém das comunidades Ilaje. A companhia tem operado nestas comunidades como Chevron Nigeria Limited (CNL), desde que iniciou as suas atividades de exploração, em 1962. Em 1968, começou a explorar o campo petrolífero de Okan. Os outros campos, como Meren, Parabe, Isan, Malu, Ewan, Opollo e Opuekaba foram acrescentados a partir de 1968.

As grandes atividades petrolíferas trouxeram esperanças que rapidamente se desfizeram, tal como é inevitável nos países dependentes do petróleo do Sul. Aquando do incidente de 1998, 30 anos depois de uma exploração de petróleo ininterrupta, a população do Ilaje ganhara os seguintes benefícios, concedidos pelos magnatas do petróleo: apenas o edifício de madeira de uma escola secundária para as 42 comunidades que se estendiam por mais de 60km, ao longo da costa Atlântica; dois diques e um furo (que estava fora da comissão). No mesmo período, a companhia petrolífera contratara 2500 nigerianos, mas apenas duas pessoas eram das comunidades circunvizinhas.

Um funcionário da Chevron que participou no desastre, declarou o seguinte perante o tribunal, em 2003: "A CNL e os seus empreiteiros tentaram contratar tantas pessoas da comunidade quantas lhes foi possível e até contrataram "funcionários fantasmas", tais como membros da comunidade que não eram necessários para um projeto ou que não tinham aptidões relevantes. Essas pessoas também foram incluídas nas folhas de pagamentos, embora não se esperasse que informassem sobre o trabalho que faziam." Para além disso, o referido funcionário afirmou que, para tomarem essas simples medidas, tinham de identificar os representantes das comunidades e que isso lhes fora extremamente difícil, na CNL, porque não conseguiam fazer a distinção entre os representantes legítimos das comunidades e as pessoas que tentavam montar esquemas de extorsão ou fraude.

Por detrás dessas medidas, a Chevron promovia a fraude, pagando salários a pessoas que não trabalhavam, mas só serviam de equipa de reserva com quem a empresa poderia contar para defender os seus interesses, mesmo que estes fossem contrários aos interesses da comunidade. A metodologia para identificar os líderes da comunidade era arbitrária, pois não se baseava na estrutura da comunidade existente e sim numa estrutura paralela. É um método reconhecido para dividir a comunidade e incitar tensão e conflitos.

Quando fui visitar o território dez anos depois da matança na plataforma de Parabe, as coisas tinham-se degradado ainda mais. Os canais abertos pela Chevron para o seu equipamento continuam a degradar a fonte da água doce, com a intrusão da água salgada do mar aberto. Devido à destruição das fontes de água doce, algumas pessoas dependiam das águas residuais dos furos construídos pela Chevron, em Opuekeba. Esses furos foram feitos para arrefecer as turbinas de gás da Chevron e as pessoas utilizavam a água quente que vinha das instalações. Tinham de esperar muito até que ela arrefecesse e de a decantar dos resíduos.

A comunidade foi às instalações da companhia para falar com a Chevron sobre as suas preocupações com o meio ambiente e os seus meios de subsistência. As pessoas não só se esforçaram para se reunir com a Chevron, como até procuram a ajuda do governo, através dos canais apropriados, para que isso fosse possível. Vendo os seus esforços frustrados, um grupo de jovens decidiu embarcar numa ação pacífica direta. Em maio de 1998, 121 jovens foram de barca a uma plataforma de Parabe. No dia seguinte, Deji Haastrup, diretor para as relações comunitárias da CNL, encontrou-se com eles na plataforma. Os jovens exigiam que os administradores superiores da Chevron se encontrassem com os líderes da comunidade Ikorigho. Já na reunião, no dia seguinte, a comunidade pediu o seguinte à CNL:

- Que restaurasse o meio ambiente ao seu estado natural.
- Que desse emprego aos jovens da comunidade
- Que concedesse um escritório operacional ou uma área

para o armazenamento do combustível em tanques, em Ilaje.

- Que construísse um aterro para controlar a invasão do mar e a erosão costeira
- Que proporcionasse estabelecimentos sociais, tais como escolas modernas, fornecesse água potável e um salão de reuniões, visto que a Chevron reclamava frequentemente da falta de locais para reuniões na comunidade
- Que negociasse com a comunidade quaisquer trabalhos a serem realizados em Ilaje
- Que compensasse os adultos pela perda dos locais de pesca.
- Que atribuísse mais bolsas de estudos para os jovens.
- Que tornasse efetivos os empreiteiros locais, como era prática nas outros zonas da Nigéria.

Depois do encontro, o administrador pediu tempo para consultar a sede em Lagos e disse que traria a resposta em dois dias, isto é, no dia 29 de maio de 1998. Ao receber informações sobre o progresso das conversações, os jovens que estavam na barca decidiram interromper o protesto no dia seguinte e voltar a Ikorigho para fazer parte das conversações. Mas antes de saírem, aterraram soldados na barca da plataforma de Parabe às 6:30h, em três helicópteros da Chevron, e começaram a disparar indiscriminadamente contra os jovens. Desarmados, os jovens simplesmente não puderam escapar. Dois foram mortos e 30 ficaram feridos. O facto de os jovens estarem desarmados foi confirmado na declaração da própria Chevron.

Os sobreviventes e os representantes das comunidades intentaram o processo *Larry Bowoto et al versus Chevron*. Os queixosos incluíam Larry Bowoto, Bola Oyibo (que morreu em 2001), Bassey Jeje e Sanday Johnbul. O processo levou oito anos e meio de litígio e quatro semanas de julgamento e exigiu muito trabalho dos queixosos e seus advogados Traber & Voorhees, bem como as empresas privadas de advogados de Hadsell & Stomer e Siegel & Yee, o Center for Constitutional Rights e a Eletronic Frontier Foundation. As tentativas da Chevron para manter o processo fora dos tribunais dos Estados Unidos ou para o conduzir na Nigéria foram rejeitadas pelo juiz que concordou com a acusação de que existiam indícios inegáveis de ligações entre a Chevron e o incidente. Quando o caso foi a julgamento, muitos dos queixosos, à exceção de Larry Bowoto, e dezenas de testemunhas saíram das suas comunidades pela primeira vez. Muitos só falavam Yoruba e inglês nigeriano.

Quando a sentença foi lida, no dia 21 de dezembro de 2008, a Chevron foi declarada culpada de todas as acusações. A sentença foi pronunciada pela juíza Susan Illston, do tribunal distrital de São Francisco: "O pessoal da CNL esteve diretamente envolvido nos ataques, pois não só transportaram e financiaram as forças de segurança nigeriana, como também sabiam que estas poderiam usar uma força excessiva." Richard Herz, advogado da Earth Rights International e co-conselheiro dos queixosos, reagiu ao veredicto dizendo: "Por toda a história, a extração do petróleo na Nigéria tem enchido de dólares as companhias e os políticos, mas tem enchido de lágrimas e sangue a população local. A Chevron deve prestar contas pelos seus atos brutais e fúteis, contra os indefesos habitantes da região do Delta do Níger [...] Embora os queixosos não tenham prevalecido, a Chevron ficou a saber que não pode esconder a sua cumplicidade com as forças de segurança pública, na violação dos direitos humanos[11]."

O desfecho do caso não encerrou a busca pela justiça judicial. Depois da decisão, os arrogantes advogados da Chevron procuraram sacar às comunidades uma compensação, apresentando uma nota de débito no valor de $485,159. O juiz, no entanto, considerou que os fatores pesam contra os custos incorridos pelo réu, dizendo o seguinte:

> A disparidade económica entre os queixosos, que são nigerianos, e os réus, que são as companhias petrolíferas internacionais, não poderia ser maior. Os autores do processo redigiram uma declaração, atestando não ter meios para arcar com quaisquer custos ou multas derivantes deste caso. Trabalham nas estações petrolíferas (recebendo nada mais do que $100 por mês), operam o negócio de querosene ($867 por mês), fazem biscates, como cortar lenha, pescar e trabalhar nas obras ($60 por mês); vendem peças sobressalentes para barcos de pesca ($127 por mês), cobram rendas ($207 por mês), compram e revendem roupa ($567 por mês), gerem pequenos negócios ($233 por mês), ou são estudantes – dez dos

queixosos são menores – e não têm dinheiro[12].

O tribunal também constatou que condenar os queixosos a compensar os réus pelas despesas incorridas nesse caso teria um "efeito desencorajador [...] em futuros litigantes dos direitos civis". O tribunal declarou:

> No fundo, este caso representou uma tentativa dos cidadãos pobres da Nigéria de aumentar a responsabilidade das companhias americanas pelas atividades que conduzem no país. O fracasso dos queixosos não inviabiliza o facto de se tratar de um caso de direitos civis. É um exemplo bem ilustrativo do risco de futuros litigantes se sentirem dissuadidos a instaurar processos contra casos de violação dos direitos humanos, uma vez que os queixosos não têm recursos suficientes e os arguidos são grandes e poderosos atores económicos. Nesse aspeto, o tribunal considera que este caso apresentou questões fechadas e complexas. Nada tinha de simples – desde determinar as leis aplicáveis, até obter autorização para os queixosos viajarem, foi um caso com desafios únicos[13].

O tribunal discordou da opinião da Chevron de que o fracasso dos queixosos no julgamento revelava que as suas reivindicações não tinham, desde logo, qualquer mérito[14]. Os queixosos ainda interpuseram um recurso contra a Chevron, para pedir a revogação da decisão ou um novo julgamento, mas não tiveram êxito. Nesse processo de recurso, os advogados dos queixosos observaram que a Chevron afirmou que "a mentalidade do povo de Ilaje favorecia a tomada de reféns" e o "sequestro" e que "certamente o fariam". Também se referiu que o tribunal distrital deveria ter obrigado a Chevron a provar que estava a agir em legítima defesa, ao orquestrar a matança dos protestantes desarmados na Plataforma de Parabe.

Apesar da derrota inicial, o caso consolidou a rede de resistência contra as grandes companhias petrolíferas imprudentes. A rede ficará mais forte e mais extensa. Surgem por todo o mundo diversas lutas inspiradoras pela justiça ambiental, bem como a necessidade urgente de unir esforços na formação de uma força mundial para a libertação da Mãe Terra das garras dos mineiros e especuladores.

Tomemos o exemplo dos protestos de agosto/setembro de 2011, nos portões da Casa Branca, nos Estados Unidos, contra a proposta de ligar os gasodutos de areia betuminosa das minas do Canadá às refinarias nos Estados Unidos. Os protestos produziram uma rápida repercussão mundial, com muitos ativistas a levantarem-se em ações de solidariedade no Brasil, no Egito, na Alemanha, na Índia, no Peru e na África do Sul. A natureza internacionalista dos protestos pela justiça ambiental aponta o caminho para redirecionamento do poder das relações, num mundo com valores enviesados contra a natureza e os menos poderosos.

Os protestos na Casa Branca resultaram na prisão de centenas de cidadãos, mas os ativistas tomaram uma posição firme de desobediência civil e traçaram os limites. Estavam preocupados com os impactos catastróficos das areias betuminosas sobre o clima, bem como os impactos do gasoduto e das inerentes substâncias tóxicas sobre os recursos hídricos e a vida selvagem. Há relatos de maior incidência de cancros raros, entre os povos indígenas das Primeiras Nações do Canadá que vivem perto dos campos de areia betuminosa. O oleoduto Keystone XL proposto é projetado para transportar 700 mil barris de petróleo por dia para pontos de entrega em Oklahoma e no sudoeste do Texas. O gasoduto de 91,5cm alcançaria cerca de 526km no Canadá e 2227km nos Estados Unidos. De acordo com Tom Goldtooth, diretor–executivo da Rede Ambiental Indígena:

> A nossas nações indígenas - nativas dos Estados Unidos e do Canadá – devem unir-se contra o oleoduto Keystone XL e a favor da produção local de energia limpa e renovável que reduza as emissões de carbono e estimule a economia nos nossos territórios. São vários os riscos consideráveis de segurança do meio ambiente e de saúde pública que o projeto dos oleodutos Keystone XL implicam. Neste momento, os custos e os riscos da construção de um oleoduto nas nossas terras tradicionais, com aquíferos importantes, cursos de água, solos naturais e zonas húmidas seriam avultados. As nossas terras que se situam no corredor

previsto para o oleoduto têm muitas zonas de elevado valor cultural e histórico que não foram devidamente tidas em conta e que correm perigo de destruição. Os impactos negativos e altamente destrutivos dos direitos humanos produzidos pelo oleoduto Keystone XL que deverá transportar petróleo sujo e areias betuminosas da região do norte do Canadá, não foram adequadamente avaliados nos últimos Estudos de Impacto Ambiental. As Primeiras Nações que habitam a região de areias betuminosas têm relatado a consistente devastação do seu meio ambiente, das suas águas e, recentemente, da sua saúde. Os cancros ligados à contaminação de petróleo estão a aumentar[15].

Temos de perceber que a ideia de propriedade comunitária dos recursos comuns significa que, atualmente, as pessoas têm plenos direitos sobre as suas terras e os seus territórios. Tal como têm o direito de ser consultadas e informadas previamente acerca de qualquer atividade ou ação a ser empreendida nas suas terras e nos seus territórios. É uma noção que exclui situações em que meia dúzia de líderes alegadamente a representar as comunidades façam das pessoas meros peões nas mãos do capital, lhes vendam o património e encham os seus próprios bolsos com o saque.

Em contrapartida, a máxima do atual mundo político é de que o poder é que tem razão. O aumento do unilateralismo sob a presidência de George W. Bush dos Estados Unidos tornou o multilateralismo uma questão de cosmética. A ascensão do neoliberalismo normativo veio prejudicar a soberania do Estado. E apresentar essa política como sendo promotora dos ideais democráticos de liberdade e concorrência justa permite a Washington e aos seus aliados gabar-se de humanismo militar. Naomi Klein descreve muito bem esse cenário como "capitalismo do desastre[16]" – uma situação em que as catástrofes são consideradas oportunidades para impor uma superstrutura pré-planeada que inevitavelmente nega aos cidadãos impotentes do mundo os seus direitos. A ideia é atingir de tal modo as pessoas que elas fiquem em estado de choque e sejam incapazes de reagir coletivamente ou de forma convincente aos danos sofridos. Essas catástrofes são cada vez mais obra do homem e as que ocorrem sem a sua intervenção são utilizadas como pretexto para desalojar os mais fracos. Tomemos o exemplo dos bairros pobres ou dos espaços livres à beira-mar, onde os grandes empreendimentos se apoderam da terra.

Por todo o mundo, o caminho do desenvolvimento do petróleo bruto foi feito à custa de muito sangue. A situação da Nigéria mostra-o bem. As memórias da guerra de três décadas em Angola − que se iniciou em 1975 e que seria possivelmente motivada pelo controlo do petróleo - ainda são frescas. Em 1999, enquanto os primeiros barris de petróleo eram transportados a partir do Sudão, a guerra entre as forças governamentais e as forças do Exército Sudanês para a Libertação do Povo intensificavam-se. No Médio Oriente trava-se uma guerra dura, movida pelo desejo do lucro, da apropriação e do controlo dos recursos[17]. Se deixarmos esse cenário expandir-se descontroladamente, o que hoje vivemos não será nada, perto daquilo que nos espera. Parece existir uma correlação direta entre o petróleo e a violência, nas suas diversas formas. Qual será a melhor estratégia para combater e reunir mais grupos numa rede de resistência e transformação?

Lembremo-nos da luta do **MOSOP** (Movimento para a Sobrevivência do Povo Ogoni) pelas terras dos Ogoni como um excelente exemplo de luta não violenta pelos direitos da comunidade e lembremo-nos da resposta violenta do estado como um excelente exemplo da intolerância dos governos para com a divergência. Quando outras partes do Delta do Níger entraram em confrontos violentos, entre 2005 e 2009, a resposta final, antes de o presidente nigeriano oferecer a amnistia, foi um ataque militar ao Reino Gbaramatu e às comunidades vizinhas. Insurgiram-se grupos de militantes armados nos campos de petróleo por uma infinidade de razões. Durante alguns anos, o sequestro e a tomada de reféns eram negócios muito rentáveis para alguns dos chamados militantes. Trabalhadores da companhia petrolífera e militares encontraram boas fontes de rendimento tanto na negociação da libertação de reféns, como na obtenção de acordos com os militantes, para a proteção dos oleodutos e de outras instalações.

Em maio de 2009, a comunidade Gbaramatu conseguiu alcançar algum equilíbrio, com uma combinação de ataques aéreos e marítimos, dando uma lição aos senhores da guerra do "Acampamento 5" de militantes, localizado nas imediações. Quando visitei um campo de refugiados em Ogbe Ijoh, perto de Warri, um dos sobreviventes, a Sra. Akpoaboere Helpme, do Reino Okoekoko, contou-me que quando a invasão ocorreu, começou a ouvir o assustador som de tiros e a ver as pessoas a correr desordenadamente, sem tempo para pensar ou resgatar filhos e idosos. Enquanto ela própria tentava salvar a mãe e o bebé, a sua filha com seis semanas caiu ao rio sem ela se dar conta, por estar em pânico. Fora um milagre tê-la visto pouco depois na água, sã e salva-la[18].

Pouco tempo depois, o presidente da Nigéria anunciou uma amnistia que expiraria em outubro de 2009 e ofereceu a reabilitação a quem depusesse as armas. Um a um, os senhores da guerra apressaram-se a oferecer tréguas físicas e a estabelecer acordos financeiros. Alguns dos menos proeminentes ficaram insatisfeitos, por não receberem o mesmo reconhecimento que os outros. Diziam que enquanto os colegas dormiam em hotéis de cinco estrelas, eles tinham de se contentar em dormir sob os milhões de estrelas do céu.

O fim da militância por meio da amnistia levantou muitas questões. Um dos mais conhecidos líderes dos grupos armados, Alhaji Asari Dokubo, rejeitou a amnistia, dizendo que nunca cometera crime algum e que só participara na luta pela autodeterminação. Outros, como Henry Okah, aceitaram a amnistia mas, mais tarde, deram sinais sugerindo que aquela proeza não acabaria definitivamente com a militância. Numa entrevista para o canal de televisão por cabo Al Jazeera, Okah dizia que o governo nigeriano tinha exagerado os benefícios da amnistia e que a paz alcançada era, na verdade, demasiado frágil. Okah também foi citado como tendo declarado que o atual número de militantes que depuseram as armas com a amnistia nem sequer representava 4% do número declarado pelo governo[19].

De facto, dois dos líderes dos grupos armados, o chefe do governo Tompolo (cujo Acampamento 5, perto de Gbaramatu, foi destruído pelos militares) e Ateke Tom admitiram ter-se de certa forma arrependido de aceitar a amnistia. Queixavam-se de que, um mês depois, ainda só tinham participado em infindáveis reuniões com oficiais da presidência, sem obterem qualquer indicação clara dos benefícios. De acordo com o chefe de governo Tompolo, "não havia necessidade de infindáveis reuniões [...] depois do programa de amnistia, as coisas deveriam acontecer naturalmente e muito depressa no Delta do Níger. Discutimos repetidas vezes as questões do desenvolvimento da região. Não precisamos de especialistas ou consultores para nos dizer do que necessita a região[20]".

Apesar das desconfianças na elaboração do programa de amnistia pelo governo nigeriano, a paz prevaleceu nos campos petrolíferos, conforme evidenciado pelo facto de, em 2011, o país ter conseguido alcançar a quota de produção da OPEC. Na época das atividades dos militantes na região, a produção do petróleo havia caído bruscamente.

Os analistas da origem da resistência armada no Delta do Níger têm dito que ela começou com bandidos políticos contratados pelo partido político no poder no estado de Rivers, com a finalidade de cometer uma fraude eleitoral. Diz-se, ainda, que os outros se juntaram por razões políticas, na busca de justiça para uma região incorretamente explorada. Alguns, que se especializaram em sequestrar pais, esposas ou filhos dos políticos e outras pessoas de famílias consideradas ricas o suficiente para pagarem resgate, só participaram no planeamento de atividades criminais. Mas há quem diga que os envolvidos no negócio de roubo de petróleo, localmente chamado abastecimento ilegal, também criaram grupos armados.

Dirigindo-se ao Instituto Nacional de Estudos Políticos – uma instituição respeitada para políticos nigerianos –, o governante do estado do Delta do Níger, Emmanuel Uduaghan, afirmou que as companhias petrolíferas também estavam envolvidas nas atividades ilegais. Para além disso, explicou que considerava a comunidade internacional cúmplice dos roubos, por permitir a existência de mercado para o crude roubado[21]. Na opinião de Dimeji Bankole, na altura porta-voz da Câmara dos Deputados da Nigéria, cerca de metade da produção do petróleo será roubada – e, se esse cálculo estiver correto, então, o petróleo nigeriano acabará antes do que se espera[22]. Outros analistas acreditam que a Nigéria está a perder uma quantidade de crude superior à que vende oficialmente, devido à conivência das próprias agências de segurança contratadas para travar esse roubo. Consequentemente, estima-se que o país esteja a perder $1,6 mil milhões anualmente para os ladrões do petróleo. Vários relatórios alegam que alguns oficiais de alta patente da marinha, em serviço ativo ou reformados, têm oleodutos privados entre Port Harcourt e Eket. O petróleo é escoado por essas condutas até reservatórios e, depois, levado em navios para refinarias noutras margens, incluindo a África do Sul[23]. A ser verdade, a comunidade internacional é cúmplice, fomentando o roubo coletivo do povo do Delta do Níger e do seu património. Quanto ao envolvimento dos oficias de segurança nessa perfídia, é triste falar da conivência dos líderes africanos na pilhagem do continente.

Como se fosse a época das amnistias, o presidente do Níger também ofereceu uma amnistia aos rebeldes Tuaregues a lutar por uma fatia maior dos rendimentos das minas de urânio e petróleo, no nordeste da região de Agadez. Os rebeldes, incluindo o grupo principal, o Movimento para a Justiça do Níger, depuseram as armas em junho de 2009, depois de dois anos de luta[24].

A destruição da comunidade Gbaramatu, no Delta do Níger, e das comunidades vizinhas, antes da amnistia oferecida aos militantes, não foi o primeiro exemplo de ataque súbito e em força do estado nigeriano contra uma comunidade rica em recursos. Surpreendentemente, as companhias petrolíferas evacuaram o seu pessoal do lugar, um pouco antes dos bombardeamentos se iniciarem, o que sugere que podem ter sido alertadas para o ataque.

Quando a cidade de Tombia foi atacada pelos militares nigerianos, sob o pretexto de quererem expulsar os combatentes armados, a Shell terá retirado previamente o seu pessoal em helicópteros. Como se observa na obra *Crude World*[25] "helicópteros e lanchas quase a destruírem [à comunidade], mas antes de incendiarem as melhores barracas de madeira, os soldados saquearam tudo o que puderam, incluindo frigideiras e panelas." Dois moradores foram mortos no ataque.

Os piores conflitos e atos de violência não foram infligidos pelo poder da arma, nem pela queima de Umuechem[26], o massacre de Odi[27] ou Odioma, a devastação de Ogoni e os assassinatos extra-judiciais de Ken Saro-Wiwa e outros líderes. A pior violência consiste no envenenamento maciço das comunidades, pela poluição.

A verdadeira liderança nacional

No final de novembro de 2009, ao encontrar-se com o ministro nigeriano da informação, o embaixador venezuelano passou por cima do protocolo diplomático e resolveu dizer o que sentia em relação ao país anfitrião. Foi particularmente impressionante, porque o projeto mais acarinhado pelo ministro nigeriano da informação era transformar a imagem de marca da Nigéria – projeto esse equiparado por alguns observadores ao uso de ligaduras coloridas para embelezar uma ferida inflamada. Segue-se o que o embaixador Enrique Fernando Arrundell disse ao ministro.

> Desde 1999 que não temos uma subida do preço do combustível na Venezuela. Pagamos apenas $1,02 para encher o tanque. O que aqui (Nigéria) me custa N12000, na Venezuela custaria N400. A situação é muito simples. Um dia, o nosso presidente (Hugo Chavez) decidiu passar a controlar as indústrias, porque elas

pertencem aos venezuelanos. Se não controlarmos as industrias, deixamos o nosso desenvolvimento nas mãos de estrangeiros.

Devem possuir o vosso próprio país. O petróleo é vosso. Perdoe-me, por lho dizer, mas quero contar-lhe a experiência da Venezuela. Temos doze refinarias nos Estados Unidos e 18 mil estações de gás na Costa Ocidental. Tudo o que fazemos está nas mãos dos venezuelanos.

Antes de 1999, tivemos três ou quatro companhias estrangeiras a trabalhar connosco. Davam-nos 20% e ficavam com 80%. Agora, detemos 90% e elas 10%. Apesar dessas condições, temos 22 países a trabalhar connosco.

São as condições da Venezuela e sabe porquê? Porque 60% das receitas se destinam a programas sociais. É por isso que temos 22 mil médicos a atender na comunidade. As pessoas não vão ao hospital; os médicos vão a casa delas. Como pode ser possível que a Nigéria tenha mais força técnica do que a Venezuela, com 150 milhões de habitantes e tantos intelectuais, mas não seja capaz de fazer isso funcionar? A questão é: se não cuidam dos vossos recursos, como é que podem cuidar do vosso país?

É, portanto, imprescindível que a Nigéria assuma o controlo sobre os seus recursos. Não temos analfabetos, temos mais de 17 universidades novas, onde o ensino é totalmente grátis. Licenciei-me na universidade sem pagar um centavo e como três refeições por dia, porque temos recursos. Queremos os recursos nigerianos para os nigerianos. Basta! Basta senhor ministro[28]!

Basta senhor ministro! Basta senhor presidente! Estas palavras podiam ter sido ditas a qualquer ministro, em qualquer dos países africanos ricos em recursos e que se deixam levar por ilusões de grandeza, atolados nas lamas da corrupção e do desperdício. O venezuelano censurou o oficial nigeriano por esbanjar os fundos do petróleo. Consideramos esse ato uma metáfora para o esbanjamento dos fundos de qualquer recurso natural e que a melhor riqueza advém de deixar os combustíveis fosseis no solo. O rendimento derivado da exploração do petróleo dificilmente pode, por exemplo, financiar os trabalhos de recuperação eventualmente necessários para contrariar os efeitos negativos no meio ambiente e nas pessoas.

Grandes líderes africanos como Kwame Nkruman, Thomas Sankara, Patrice Lumunba, Amilcar Cabral, Samora Machel, Julius Nyerere e outros, devem dar voltas nos túmulos, perante a pilhagem que despedaça a África, graças à conivência dos seus líderes que as companhias petrolíferas transnacionais, os filantropos de capital de risco e os conselheiros financeiros internacionais têm na palma da mão. Sankara ilustrou bem o espírito africano necessário para afastar o continente da pobreza económica e política e aproximá-lo de ideias libertadoras e de soberania dos povos. Alguns podem pensar que Sankara era um idealista e que, desse modo, se tornou vulnerável às balas mortíferas dos próprios amigos. Embora os líderes possam ser mortos, os seus ideais não podem – tal como o próprio Sankara declarou, uma semana antes de ser assassinado[29].

As ideias que Sankara expôs irritaram vários presidentes e ministros corruptos no continente; ainda hoje persistem e é em detrimento do continente que as ignoram. Sankara estava empenhado na luta contra a corrupção, muito antes de ela fazer parte do discurso hipócrita do Banco Mundial e do FMI. Muito antes disso, já ele se apercebera de que a corrupção era a arma da máfia capitalista internacional para conquistar os mercados e pilhar os recursos de todo o sul[30]. Ninguém o poderá criticar, quando, a propósito da armadilha das dívidas, diz: "Os nossos credores não morrem, se não pagarmos a dívida. Morremos nós, se a pagarmos […] " Apelava ao repúdio de todas as dívidas abomináveis que, para ele, não passavam de uma forma de escravidão moderna.

Para além disso, Sankara sabia que a mobilização das pessoas seria vital para a emancipação do continente das garras dos exploradores destrutivos. Na sua opinião, as pessoas eram fulcrais para a luta, cientes da glória de vencer e da dor de renascer no processo de reconquista do controlo sobre as suas vidas, o seu meio ambiente, os seus recursos e destinos. Estava convencido de que não faz sentido nenhum falar em nome do povo; que o que interessa é ser solidário para com o povo, integrá-lo na luta e, conforme descreve Sean Jacobs:

> Desenvolver uma identidade forjada no fogo da ação. Para Sankara: "Acho que o mais importante é fazer as pessoas chegarem a um ponto em que ganhem autoconfiança e percebam que podem, por fim [...] ser as autoras do seu bem-estar [...] E, ao mesmo tempo, saber o valor a pagar por esse bem-estar." Em grande medida, a Revolução Burkinaré foi uma experiência original de profunda transformação social, económica, política e ideológica. Tratou-se de uma tentativa ousada de desenvolvimento endógeno, através da mobilização popular[31].

Permitam-nos insistir um pouco na memória de Sankara e nas reformas que ele instituiu, depois de chegar ao poder em 1984[32]:

- Mudou o nome do país, de Alto Volta, para Burkina Faso – a terra das pessoas integras.
- Acreditou na independência económica, promoveu a produção local de alimentos e têxteis e recusou empréstimos do Banco Mundial. O seu objetivo era criar políticas para resolver os problemas reais do povo e não seguir os ditames do Banco Mundial ou FMI.
- Encetou uma reforma fundiária, com a qual a terra passava a pertencer a quem a cultivava.
- Foi um dos primeiros líderes a preocupar-se com a proteção do meio ambiente – e a combater especificamente a desertificação.
- Sankara baniu o sistema que permitia pagamentos de tributos e trabalho obrigatório aos chefes comunitários, aboliu o imposto individual rural, promoveu a igualdade de género numa sociedade de dominação masculina (incluindo a circuncisão feminina e a poligamia), instituiu o programa de imunização maciça, construiu caminhos-de-ferro e começou a construção de habitações sociais. O seu governo impulsionou

radicalmente programas de alfabetização e deu início a uma ação de luta contra a corrupção nos serviços públicos.

* Rejeitou ter a sua fotografia pendurada nos edifícios públicos, contrariando totalmente os líderes que usurparam o poder, depois do seu assassinato.
* Ganhava um salário reduzido (cerca de $450 por mês) e abstinha-se de luxos, como viajar de avião em primeira classe.
* Lutou contra a corrupção e levou a cabo reformas administrativas para a boa governação.
* Acreditava na emancipação da mulher e participava em diversas áreas da vida da nação.

Muitos governos africanos operam como se as pessoas não existissem, fossem objetos a explorar ou subjugar. Isso deve-se ao facto de os seus mandatos ou legitimidade não assentarem na vontade popular e de permanecerem no poder o tempo que quiserem. Nada disso é problemático para as indústrias exploradoras que, pelo contrário, até apoiam os ditadores, para que estes lhes permitam explorar os territórios de forma sustentada. É essa a tragédia da África. O apelo de Sankara era dar primazia às pessoas e querer levá-las a ter orgulho próprio e dignidade.

A experiência mostra que a resistência à extração destrutiva se deve construir pedra a pedra. Quando se juntam, as pedras formam um muro – que às vezes protege toda a nação – para travar o avanço dos exploradores gananciosos.

Política comunitária nigeriana

28 de novembro de 2009: a caminho de Goi, no governo local do estado de Rivers, em Gokana, na Nigéria. Fui com um grupo de organizadores comunitários numa visita de intercâmbio comunitário e tivemos de dar várias voltas, para evitar as enormes crateras da maior auto-estrada que atravessa Ogoniland. Os organizadores comunitários vinham dos estados de Akwa Ibom, Edo, Delta, Byelsa e Rivers, a convite da Host Comunities Network (HoCoN). O principal objetivo da ida a Goi era observar o impacto do derrame de petróleo das instalações da Shell que sofreram uma rotura em 2004. Estudariam o local, para, depois, refletirem. Comparariam essa situação às das suas próprias comunidades. Ademais, podiam ver que nos campos petrolíferos do Delta do Níger se tem infligido um sofrimento desproporcionado aos mais miseráveis.

Antes de começar a extração do ouro negro e de este irromper em chamas, Goi era uma comunidade de sonho. Tinham charcos de água fresca que transbordavam na maré-alta. Na maré baixa, tinham grandes quantidades de peixe que podiam simplesmente apanhar. Havia quem construísse viveiros à beira dos charcos que enchia com uma grande variedade de peixes pequenos e médios. Os exuberantes mangais providenciavam um espaço para a desova de muitas espécies.

Tudo isso mudou, quando o fogo do petróleo derramado pela Shell alcançou os charcos em 2004 e acabou com eles. A maré ainda sobe e desce, mas só traz memórias tristes às pessoas que viram os seus barcos e utensílios de pesca serem destruídos no inferno do petróleo. Onde antes havia riqueza marítima, as pessoas têm de esgravatar o petróleo escorregadio em busca de água fresca e peixe. Enquanto aí estávamos, vimos um jovem voltar da sua investida noturna, com uma tigela de plástico cheia de caranguejos minúsculos e lagostins. Só pedia 400 naira, por tanto esforço, se aceitássemos esse preço. A tigela estava coberto de petróleo e os caranguejos e lagostins também cheiravam a petróleo. Ele até poderia lavar o petróleo, mas não conseguiria desintoxicar os animais já envenenados. Saindo das margens desoladas do charco com os mangais ardidos e as escassas árvores sobreviventes com as raízes cobertas de petróleo, perguntávamo-nos o que significaria viver naquela comunidade cujo meio ambiente fora completamente devastado.

Os membros da HoCoN trocaram histórias de desgraças. Também partilharam ideias de como proteger melhor o meio ambiente e resistir à extração destrutiva. Uma conclusão retumbante foi a de que, para uma mulher, a melhor altura para se divorciar do marido é antes de engravidar. Esse foi o lema adquirido pelas mulheres da comunidade de Warao, no Delta Orinoco, da Venezuela, quando resistiam à entrada da BP nos seus vales, nos anos 90. Acreditavam piamente que todos os povos se deveriam erguer contra a abertura de novos campos petrolíferos e para salvar o mundo da destruição derivante do ouro negro, o qual deveria permanecer onde a natureza sabiamente o enterrou.

O conceito de "comunidades anfitriãs" tem sido utilizado pelas companhias petrolíferas e os seus parceiros para voltar as comunidades umas contra as outras. Nas regiões ricas em minérios, as comunidades onde se encontram as instalações das indústrias extrativas são consideradas comunidades anfitriãs e as que não possuem instalações, são consideradas comunidades desprovidas de petróleo. A HoCoN redefine a comunidade anfitriã como a que tem as instalações, sofre com a presença delas, ou poderá sofrer os impactos negativos da extração destrutiva. Essa definição ampla e inclusiva retira os punhais afiados cravados pela indústria extrativa e os agentes governamentais inescrupulosos para dividir as comunidades e voltá-las umas contra as outras. A África precisa de redes criativas como essa que lhe permitam reunir a força necessária para unir os seus povos.

No seguimento da amnistia concedida aos militantes a lutar contra a paz nos campos petrolíferos do Delta do Níger, numa declaração feita em novembro de 2009, o governo federal da Nigéria prometeu canalizar 10% das receitas do petróleo diretamente para as comunidades[33]. Esse pronunciamento criou grande interesse e, mais tarde, deu aso a um grande debate sobre a definição de comunidade. A noção de comunidade anfitriã como comunidade onde as companhias petrolíferas decidem instalar os seus equipamentos foi anunciada aos quatro ventos. Mas alguns ativistas comunitários promoveram o conceito que se encaixa na visão da HoCoN. Um exemplo claro é a opinião expressa por Oronto Douglas:

> O conceito de comunidade anfitriã é controverso, perigoso, corruptor e inviável. Não se desenvolveu qualquer "comunidade anfitriã" nos últimos 15 anos, desde a descoberta do petróleo. Devemos resistir ao conceito de "anfitriã" e encorajar o governo a fazer o mesmo. Com o surgimento de novas políticas para tratar dos nossos agravos históricos, devemos identificar e neutralizar todo e qualquer vestígio alarmante de combustíveis. Para mim, a comunidade é a tribo ou a nacionalidade. Por isso, Ogbia, Nembe, Gbaramatu, Kolokuma, Okrika, Kalabari, Ilaje, Mein, Okpe, Ogba, Egbema, Urhobo, Ibibio, Ogoni, Ikwerre, Etche, Ijaw, Oron, Isoko, etc. são comunidades.
> No nosso primeiro passo para controlar os nossos recursos, devemos ser claros, cautelosos e abrangentes. Não devemos ceder a divisões internas. Não podemos deixar-nos dividir pela questão de saber

> onde se deve ou não produzir petróleo e
> gás [...] a luta dos Ogoni não se limitou à
> comunidade. Foi um compromisso
> nacional feito por todas as pessoas Ogoni
> pela sobrevivência e a justiça[34].

Não obstante o supracitado apelo eloquente à noção inclusiva de comunidade, algumas pessoas põem em causa os parâmetros da oferta do governo Nigeriano. Por exemplo, a Conferência das Nacionalidades Étnicas do Delta do Níger (CEEND) pediu a interpretação dos 10% para as comunidades com produção de petróleo, bem como detalhes sobre a localização dos projetos de capital relacionados. Devido à falta de confiança no governo, a organização exigiu saber em que se baseava a oferta. "Dez por cento de equidade sobre o quê? São 10% no acordo de coempreendimento? Queremos ter informações sobre as ações dos 10% de equidade. Se soubermos bem os pormenores, já poderemos comentar sobre o assunto[35]."

Dado o desencantamento que sentem com o governo e as companhias transnacionais, as pessoas devem criar alianças entre elas e as comunidades. Isso implica a reconstrução da solidariedade e a reivindicação da soberania em todas as esferas. Os governantes africanos não querem, ou não são capazes de regular as indústrias extrativas. As indústrias escondem-se por detrás dos instrumentos de repressão do estado e saem impunes. As comunidades são criminalizadas quando protestam contra a pilhagem. A solução é unir os povos e comunidades, partilhar ideias de todas as formas criativas possíveis de comunicação, aprender com os acontecimentos e a história e confrontar os que manipulam o poder. É assim que se pode reivindicar o meio ambiente da comunidade, drasticamente poluído e devastado. Para isso, é preciso desenvolver escolas comunitárias, num ambiente de justiça e sustentabilidade, documentar experiências, partilhar conhecimentos e sabedoria, participar nos processos políticos e insistir em que os líderes sejam eleitos à lei do voto e não da bala.

Solidariedade para a recuperação

A organização da comunidade e a solidariedade étnica e além fronteiras são essenciais para a recuperação da África. As comunidades precisam de ser fortificadas, para voltarem a controlar as riquezas dos seus próprios recursos naturais. Há quem diga que o continente não tem competências para saber o que fazer com os recursos. Vamos contradizer essa afirmação, exigindo respeito pela memória e o conhecimento das pessoas. Ninguém se pode denominar conhecedor do meio ambiente de qualquer comunidade, a não ser os habitantes dessa comunidade. Há décadas que as comunidades aprendem a viver harmoniosamente com o meio ambiente, usando os recursos doados pela natureza de forma sustentável. A ideia do sagrado e, nalguns casos, de floresta do mal, ajudou na preservação das florestas, bem como de algumas espécies de árvores e animais. A floresta não era apenas uma fonte de madeira ou de carbono para trazer receitas ou créditos às pessoas. As florestas proviam as comunidades de diversos produtos e muita matéria-prima.

As normas sociais preservavam a dignidade do povo, bem como a saúde de certos recursos. Por exemplo, algumas partes dos cursos de água e angras eram preservadas apenas para água potável e ninguém poderia nadar ou banhar-se nesses locais. Tais normas garantiam que as fontes de água não fossem poluídas. Algumas comunidades consideravam certos animais sagrados. Umas, caçavam e matavam essas espécies, enquanto outras as preservavam e consideravam tabu matá-las. Os recursos minerais eram explorados e utilizados por associações, de forma a garantir a preservação da integridade do meio ambiente. A acumulação de excedentes e a maximização dos ganhos não se sobrepunham à necessidade de manter a harmonia com o meio ambiente.

Se as comunidades controlassem os seus próprios recursos, quem os quisesse explorar teria de negociar com elas. Na maior parte do território africano, os governos assumiram o controlo sobre os recursos de maior valor, incluindo a terra. Dizem fazê-lo para o bem do povo, quando, na realidade, o fazem para satisfazer os interesses das companhias transnacionais, de líderes políticos e de amigos. O diálogo com a comunidade poderia implicar a elaboração de estudos de viabilidade e de avaliações dos impactes sociais, económicos e ambientais nas comunidades que desejassem aceitar propostas de exploração dos recursos disponíveis. O diálogo seria conduzido na condição de a comunidade ter o direito não só de vetar a extração de quaisquer recursos no seu território, mas também de decidir quem deve realizar a atividade extrativa nas suas terras e como o deve fazer. As comunidades deveriam ter igualmente o direito de decidir como utilizar as receitas dessas atividades. Muitas estariam dispostas a entregar, em forma de impostos, aquilo que o governo precisasse, desde que os direitos sobre as terras passassem para os seus legítimos proprietários, ou seja, as comunidades.

Aqui é melhor fazermos um aviso. Não devemos deixar-nos levar por visões românticas de comunidade. O facto de a decisão ser tomada pela "comunidade" não lhe confere o estatuto de infalibilidade. Quando tomam decisões a respeito dos seus recursos, as comunidades devem basear-se em conhecimentos que não precisam de ser ao nível da ciência mais avançada. Ouvimos frequentemente os burocratas dizerem que as políticas são feitas com base em factos científicos que estão para além do entendimento das pessoas vulgares. A verdade é que a ciência deve estar a serviço da comunidade e ser compreensível. Aliás, se observamos o que a ciência diz acerca das mudanças climáticas e as recomendações que tem feito, quanto à necessidade de se conterem as emissões para evitar o aumento catastrófico da temperatura, perceberemos o quanto os governos e as instituições mundiais se têm esquivado aos estudos.

Ao apresentarem apenas uma parte da informação, os especuladores do carbono apresentam as florestas como meros armazéns de carbono a ser comercializados e têm conseguido levar algumas comunidades a ceder as suas florestas à REDD, em troca de gratificações imediatas, como pagamentos em dinheiro. Isso pode ser considerado um enorme subterfúgio. A deslocação das comunidades da floresta, a transferência da desflorestação para outras regiões, a destruição dos meios locais de subsistência e a falsa promessa de luta contra as mudanças climáticas não impede os comerciantes do carbono de sonhar com mais locais com terra, solo e água a que deitar a mão, para não falarmos no espaço. As comunidades devem, por isso, manter-se atentas, para se poderem certificar de que não se tornam, elas próprias, agentes de um novo campo de batalha pela África.

Mencionamos um exemplo de açambarcamento de terra, em que um "chefe máximo" cedeu 600 mil hectares da terra da comunidade, dispondo-se a ceder mais 400 mil. o acordo não surtiu qualquer efeito, devido à resistência do povo e à solidariedade de grupos, tais como o Instituto Oakland.

A Nile Trading and Development (NTD), uma firma sediada no Texas, no Dallas, assinara um contrato com a Mukaya Payam Cooperative, em 2008, no sul do Sudão. Com esse acordo, a companhia usufruiria de 600 mil hectares de terra concessionados durante 49 anos, por um ultrajante valor de $25000. A concessão deu o direito à companhia de explorar qualquer recurso existente naquela parcela, incluindo o direito de:

172

- Desenvolver, produzir e explorar a
madeira/os recursos florestais existentes na
terra concessionada, incluindo, e sem
limites, a colheita das atuais árvores em
crescimento, a plantação e colheita das
árvores de madeira resistente e a instalação
de indústrias de processamento de madeira;
- Comercializar e tirar proveito de qualquer
resultado dos créditos de carbono da
madeira na terra concessionada;
- Praticar a agricultura, incluindo o cultivo
de espécies para a produção de
agrocombustível (a jatrofa e palmeiras);
- Explorar, desenvolver, produzir e/ou
extrair petróleo, gás natural e outros
hidrocarbonetos, bem como outros
minérios, para os mercados locais e a
exportação, e realizar atividades de
geração de energia na terra concessionada;
- Concessionar uma parte ou toda a terra,
ou licenciar qualquer direito de exploração
da terra a terceiros[36].

Numa situação como esta, seria uma ilusão achar que os
problemas da extração destrutiva na África se resolveriam com o
simples anúncio de que as comunidades passam a deter os seus
recursos. Para se chegar a esse ponto, seria necessário realizar não só
reuniões e cuidadosas consultas prolongadas de partilha de
conhecimentos, como também mobilizações populares e de
solidariedade.

A rede de construção da resistência no continente sugere que o
melhor caminho será a luta cautelosa pela responsabilidade
democrática. Para isso, é preciso fazer da unidade comunitária a
verdadeira base do poder, fora da atual delineação descentralizada
de domínios políticos, vítimas sem recursos do estado neoliberal.
Dessa forma, embora a luta mais urgente deva ser por um ambiente
limpo, justiça climática, ou independência alimentar, o objetivo final
é transformar a sociedade de forma a garantir a total independência
das pessoas.

Seria igualmente necessária uma mobilização política, no sentido
de se realizarem eleições credíveis com candidatos credíveis. Os
chefes de estado que se perpetuam no poder não permitirão a

173

reforma ou a mudança na África. Muammar Gaddafi foi líder da Líbia desde 1970, até que os cidadãos, com ajuda das forças da NATO, o expulsaram do poder, em 2011. Entretanto, Mugabe continua no poder desde 1980 e, depois de ter seguido os conselhos do Banco Mundial nos anos 90, desindustrializando a economia do país, deixou o Zimbabué à beira de uma catástrofe. A África precisa de líderes que escutem o povo, sejam eleitos pelo povo e compreendam as aspirações do povo.

O continente africano tem sido explorado quase até ao limite. Enquanto os filhos da África se mutilam uns aos outros, outros adornam os dedos com diamantes arrancados das suas terras. Enquanto os filhos da África derramam o seu sangue em inúmeros campos petrolíferos, outros de terras distantes levam vidas aceleradas e altamente consumistas com base nesse combustível. Enquanto os filhos da África se atolam em montes e oceanos de lixo, os seus exploradores dançam em pilhas de dólares e euros. Enquanto o continente luta para poder respirar, os seus estripadores transnacionais e violadores locais saqueiam-lhe as terras.

Poderíamos ser tentados a pensar que já não há nada a salvar, num continente tão pilhado. Poderíamos erguer as mãos em desespero e concluir que o continente está perdido. É verdade que existem muitas coisas feias nessa terra, tal como é verdade que existem coisas de inegável beleza que devem ser salvas, promovidas e preservadas. A África merece uma pausa – um dia de descanso. Precisa de espaço para respirar. Somente um povo unido, consciente e interligado pode travar as mortes, expulsar os parasitas e reivindicar a terra. Fazer menos do que isso significaria continuar em banho-maria, enquanto o mundo avança.

A oportunidade para a África começar a respirar e a recuperar de séculos de pilhagem não surgirá sem luta. Já se observa a orientação dessa luta em redes, como a Climate Justice Now (CJN), entre outras. Vimos, através da CJN, que esse caminho não será elitista, nem hierárquico, mas terá uma base ampla e inclusiva; não terá a orientação de uma ONG profissional, mas será um movimento socioambiental mais abrangente que não exclui os atores dos círculos oficiais, especialmente os que não estão presos à burocracia. De acordo com Bond e Dorsey, os especialistas ambientais que defendem a gíria neoliberal de "circunscrever a defesa do clima ou do desenvolvimento a instituições multilaterais ou ONG internacionais, especialmente de Nova Iorque, Washington, Londres e Genebra, [e] compromissos com abordagens hierárquicas são vistos quase com fervor religioso[37]".

174

A clara decadência do multilateralismo nas negociações mundiais torna-as arenas áridas de qualquer esperança de ações seguras para libertar a África das forças exploradoras e hegemónicas que só a veem como um reservatório de recursos humanos e materiais. O número de votos a que têm direito grande parte dos países africanos e de outras partes pobres do mundo no Banco Mundial não é significativo e tende a manter-se assim ou a diminuir. Até os Objetivos de Desenvolvimento do Milénio lançados pelas Nações Unidas em 2000 e muito idolatrados pelos governos africanos, provaram não passar de uma ilusão para a África, em parte, porque as instituições que trouxeram a miséria para o continente – a Organização Mundial do Comércio (OMC) e as instituições de Bretton Woods – são as grandes intermediárias desse processo.

O espaço para a fortificação e recuperação está claramente na união dos povos. Um grande sinal inicial disto começou com a cimeira dos Povos de 2010 sobre as Mudanças Climáticas, realizada em Cochabamba, Bolívia, sob os auspícios do presidente Evo Morales, quem mostrou ao mundo que os governantes podem estar ao lado do povo, não contra ele, e insistir num bom quadro de resultados para as ações a serem levadas a cabo.

As revoltas de 2011 no Norte da África podem ter, de alguma forma, desviado a nossa atenção dos vários acontecimentos ocorridos no resto da África, abaixo do deserto do Sahara, mas são claramente indicadores de que a condução habitual dos negócios está prestes a acabar e que a mudança virá[38].

Na base das revoltas encontra-se, entre outros fatores, a subida dos preços dos alimentos que é indissociável dos impactos do açambarcamento de terras pelos especuladores, da extração destrutiva e da apropriação da herança dos povos, das mudanças climáticas e das realidades económicas desagradáveis, tudo obra dos atores políticos que estão contra o povo.

De Dakar a Mogadishu e da Cidade do Cabo ao Cairo, os povos estão lentamente, mas de forma firme, a recuperar o seu direito de expressão. Não confundamos a dança, o sapateado e a cantoria com um baile – são os geradores que alimentam o dínamo e pavimentam o caminho para a resistência e a mudança.

Pensávamos que fosse petróleo ... mas era sangue[39]

Noutro dia
Dançávamos na estrada
De ânimo leve
Julgando-nos livres
À nossa direita caíram três jovens
À nossa esquerda, outros tantos
Olhando para o alto
Longe da multidão
Vimos
Armas em brasa

Pensávamos que fosse petróleo
Mas era sangue

Pensávamos que era petróleo
Mas era sangue

O coração a saltar-nos
Da boca para fora
A flutuar
Em poços secos de emoções
Saltámos de fúria
Sabendo que não era divertido
Então vimos
Poças de vermelho vivo

Pensávamos que fosse petróleo
Mas era sangue

Pensávamos que fosse petróleo
Mas era sangue

Primeiro foram os Ogonis
Hoje são os Ijaws
E amanhã, quem será chacinado?
Vimos bocas abertas
Sem ouvir nenhum grito
Já não caem mais lágrimas
Quando se está assustado
Estamos parados nas poças
Mergulhados até aos joelhos

176

Pensávamos que fosse petróleo
Mas era sangue

Pensávamos que fosse petróleo
Mas era sangue

Sacos de lágrimas secos
Correntes de água poluída
Tudo é real
Quando visto em sonhos
Vemos os seus capangas
Escondidos em fardas militares
Diabólicos, horríveis,
Forcas chamadas plataformas petrolíferas
Perfurando-nos as almas

Pensávamos que fosse petróleo
Mas era sangue

Pensávamos que fosse petróleo
Mas era sangue

Os céus estão abertos
Sobre nossas cabeças
Sonhos celebrados
Num céu remexido
Milhões de buracos negros
Num céu carbonizado
Podem os seus tubos romper
Mas os nossos sonhos não romperão

Pensávamos que fosse petróleo
Mas era sangue

Pensávamos que fosse petróleo
Mas era sangue

Podem todos matar
Mas o sangue falará
Podem tudo ganhar
Mas o solo ERGUER-SE-Á
Poderemos morrer

177

E vivos continuar
Colocados sob a lâmina
Chacinados de dia
Nós somos a vida
Há muito sacrificada

Pensávamos que fosse petróleo
Mas era sangue

Pensávamos que fosse petróleo
Mas era sangue

Notas

Primeira parte: Desempacotar a África
Capítulo 1: A atração da África

1 Excerto do poema "We thought it was oil but it was blood", da coletânea de Nnimmo Bassey, We Thought It Was Oil But It Was Blood (2008), 2ª edição Ibadan, Kraft Books

2 Pakenham Thomas (1991) The Scramble for Africa, Londres Abacus, p. xxiv

3 Marx, Karl (1972), "The future of British Rule in India", in Karl Marx e Frederic Engels, On Colonialism, International Publisher, p. 82

4 Tutu, Desmond (2005) God has a Dream – A Vision of Hope for Our Time, Londres, Rider, p.12

5 Owugah, Lemuel (2007) The politics of Nigeria´s Relations with European Economic Community: From Lagos to Lome, Port Harcourt, Kemuela Publications, p. 6–7

6 Time (1957) "United Nations: foursquare for France", 18 de fevereiro, http://www.time.com/time/magazine/article/0,9171,809106,00.html#ixzzlUqvcGnux

7 Pakenham (1991) p. 30

8 Coleman James S. (1986) Nigeria: Background to Nationalism, Cidade de Benin, Broburg & Wistrom, p. 56

9 Coleman James S. (1986) Nigeria: Background to Nationalism, Cidade de Benin, Broburg & Wistrom, p. 56

10 Alie, Joe A. D. (1991) A New History of Sierra Leone, Oxford, Macmillan Education, p. 168

11 Meredith, Martin (2006) The State of Africa – A History of Fifty Years of Independence, Londres, Free Press, p. 7

12 Tutu (2005) pp. 25–6

13 Eduardo, Gaelano (1997) Open Veins of Latin America – Five Centures of the Pillage of a Continent, Nova York, NY, Monthly Review Press, p. 80

14 Karl, Marx (1976) Capital, Volume 1, Nova York, NY, Vintage, p. 896

15 Foster, J.B. e Clark, B. (2003) "Ecological imperialism: the curse of capitalism in the new imperial challenge", in Leo Panitch e Colin Leys (eds) Socialist Register 2004, Londres, Merlin Press, pp. 188–9

16 Turner, Terisa E. e Oshare, M.O. (1994) "Women´s uprisings against the Nigerian oil industry in the 1980s´ in Terisa E. Turner (ed) Arise Ye Mighty People – Gender & Race ii Popular Struggles, Trenton, NJ, Africa World Press, pp. 131–2

17 Bond, Patrick (2006) Looting Africa – the Economics of Exploitation, Pietermaritzburg, Durban e Londres, University of Kwazulu-Natal press e Zed Books, pp. 55–91

18 Senarclens, Pierre de (2007), "Decolonisation and development, at the origins of the UN Africa geopolitics – Africa in the United Nations system", Paris, n° 25, Janeiro – março, p. 196

19 Ibid

Capítulo 2: A África é rica

1   Excerto do poema, "Yasuni", da coletânea poética, I Will Not Dance to Your Beat, (2011), de Nnimmo Bassey, Ibadan, Kraft Books.

2   Rodney, Walter (1981), How Europe Underdeveloped Africa (edição revista), Washington DC, Howard University Press

3   Bassey, Nnimmo (2007), Towards a Political Framework for Food Security and Sustainable Agriculture in Africa – intervenção na conferência sob o título "Can Afrida Feed Istefl? Poverty, Agriculture and Environment – Challenges for Africa", 6-8 de junho, Oslo Noruega.

4   Ernesto "Che" Guevara (2001), The African Dream – The Diaries of the Revolutionary War in the Congo, Londres, Harvill Press, p. 57.

5   Swagler, Matt (2008), "Behind the war in Congo", Socialist Worker, http://socialistworker.org/2008/11/25/behind-war-in-the-congo

6   Citado in Swagler (2008)

7   "Prémio Corpse 2005 de cobertura de imprensa", citado in Sunday Times, htto://socialistworker.org/2008/11/25/behind-war-in-the-congo

8   Swagler (2008)

9   Block, Robert (1997), "US firms sek deals in Central Africa", Wall Street Journal, p. A17, 14 de outubro

10 Montague, D. e Berrigan, F. (2001), "The business of war in the Democratic Republic of Congo: who benefits?", julho-agosto, World Policy Institute.

11 Ibid

12 McCartney, L. (1998), Friends in High Places: The Bechtel Story: The Most Secret Corporation and how it Engineered the World, Simon & Schuster

13 Bangura, Ahmed Ojulla (2008), "Environmental degradation in Kono Area", Concrord Times /Freetown), 21 de abril, http://allafrica.com/stories/200804212037.html

14 Sierra Express Media (2009), "APC allows town mining in Kono", 5 de Outurbo, htto://www. Sierraexpressmedia.com/archives/527

15 O perfil da empresa está disponível em http://koiduholdings.com/about_company_profile.html

16 Network Movement for Justice and Development (2004), "The Koidu Kimberline Project – Is Koidu Holdings Ltd above the law?", declaração de imprensa, 11 de fevereiro, http://www.mnesandcommunities.org/article.php?a=694

17 Bank Information Centre (2004), "Koidu Holdings Limited denies any wrongdoing or violation of EIA policy", 14 de janeiro, http://www.bicusa.org/EN/Article.705.aspx

18 Koidu Holdings (2011), "Key facts", http://www.koiduholdings.com/company-key-facts.php

19 Alie, Joe A.D. (1990

20 Akabzaa, T.M., Seyire, J.S. E Afriyie K. (2007), " The glittering façade – effects of mining activities in Obuasi and its surrounding communities", Accra, Third World Network-Africa (TWN-AFrica), p.1; consulte também Kairos (2004), Africa's Blessing, Africa's Curse: The Legacy of Resource Extraction in Africa, Accra, TWN-Africa

21 The Economist (2009), Pocket World Figures 2008, Londres, The Economist, pp. 52-3

22 Oil Review Africa (2009), "Nexans wins $9,8 milhões topside contract for Usan FPSO offshore Nigeria", número 3, p. 30

23 Oil Review Africa (2009), "World's first FDPSO now in operation", número 3, p. 27

24 Ghazvianian, John (2009), Untapped – The Scramble for Africa's Oil, Houghton Mifflin Harcourt, pp. 9-11

25 Ibid, p. 214

26 Woods, Emira (2009), "Obama Visits Africa's 'Oil Gulf'", Inter-Press Service, 12 de julho, http://www.ips-dc.org/articles/obama_visits_africas_oil_gulf

27 "Resource curse" (2010), London Review of Books, 8 de Julho, http://www.lrb.co.uk/blog(2010/07/08/khadija-sharife/5299/

28 Akabzaa et al (2007), p. 7

29 Ibid

30 Ibid

31 Kairos (2004)

32 Akabzaa et al (2007), p.14

33 A AngloGOld podia tomar essas decisões, porque a sua área de concessão abrange praticamente todo o território de Obuasi. Podem extrair onde bem quiserem e remover quaisquer obstáculos que lhes apareçam no caminho.

34 Universidade de Ciências da Vida da Noruega (2009), "Tanzânia: trace metal concentrations in soil, sediments, and waters", http://www.Africafiles.org/article.asp?ID=22228

35 Ibid

36 Reuters (2009), "Zambia opposition moves to block Chinese mine deal", 24 de junho, http://www.miningweekly.com/article/zambia-presidente-says-willing-to-review-mine-taxes-2009-06-24

37 Shacinda, Shapi (2009), "Zambia social programmes may suffer as copper mine revenues fall", Reuters, 18 de junho, thhp://www.mineweb.com/mineweb/view/mineweb/en/page504?oid=85133&sn=Detail

38 EITI (2010), "Citizens in 24 countries are now able to see the revenues from resources", novembro, http://eiti.org/news-events/billions-revenues-are-being-reported.

38 Sharife, Khadija (2011), "Transparency hides Zambia's billions", Al Jazeera, 18 de junho, http://english.aljazeera.net/indepth/opinion/2011/06/20116188244589715.html

39 EITI (2011), "Zambia becomes 26th country to publish an EITI report", 23 de fevereiro, http://eiti.org/news-events/zambia-becomes-26th-country-publish-eiti-report

40 Financial Action Task Force (2011), "Tackle illicit financial flows for the new bottom billion", 13 de julho, http://financialtaskforce.org/2011/07/13/tackle-illicit-financial-flows-for-the-new-bottom-billion/

41 Sharife, Khadija (2011)

42 Christian Science Monitor (2011), "Zambia: new Presidente Sata sets new mining rules for China", 28 de setembro, http://www.csmonitor.com/World/Africa/2011/0928/Zambia-s-new-President_Sata-sets-new-mining-rules-for-China

43 Financial Secrecy Indez (2010), "The British connection", http://www.financialsecrecyindex.com/documents/FSI%20-%20The%20British%20Connection.pdf

44 The Africa Report (2010), "Building Africa's tax havens", 2 de dezembro, http://www.theafricanreport.com/typerighter/index.php?post/2010/12/02/Building-African-tax-havens

45 China Offshore (s.d.), "The Gateway: Mauritius us at the center of the indian ocean trade flows connecting India, Africa, and China", http://www.chinaoofshore.com.hk/the-gateway.html

46 Financial Secrecy Indez (2010), "Mauritius", http://www.secrecyjurisdictions.com/PDF/Mauritius.pdf

47 Carta da Rio Tinto pls à US Securities and Exchange Commission, http://www.sec.gov/comments/s7-42-10/s74210-44.pdf

48 Palitza, Kristin (2009), "Economies must diversify, reduce focus on mining", 10 de junho, http://www.ipsnews.net/africa/

49 BBC (2009), "Guinea confirms huge China deal", 13 de outubro

50 The National (2008), "Group blasts company for mining deal with Eritrea", http://www.thenational.ae/article/20081226/FORIEGN/883029914

51 Kairos (2004), p.28

52 The Citizen Reporter (2009), "Experts predict tripling of income from mining", 8 de junho, http://thecitizen.co.tz/newe.php?id=12973

53 Declaração emitida em Accra, Gana (2009), 13 de agosto

54 Festus Iyayi, num comentário acerca do que deve fazer a sociedade civil para sensibilizar mais as pessoas para as implicações da degradação ambiental

55 The Guardian (2009), "Great expectations in Uganda over oil discovery", 2 de dezembro, http://www.guardian.co.uk/katine/2009/dec/02/oil-benefits-rural-uganda

56 Ibid

57 Belfer Center (2011), "Russia in Review", 8 de abril, http://belfercenter.ksg.harvard.edu/publication/20925/russia_in_review.html

58 Entrevista com Khadija Sharife (agosto de 2011)

Segunda parte: A disputa e a usurpação
Capítulo 3: As rodas do progresso

1 Excerto do poema "Walking blind", da coletânea de Nnimmo Bassey, I Will Not Dance to Your Beat (2011), Ibadan, Kraft Books
2 Pakenham, Thomas (1991), The Scramble for Africa, Londres, Abacus, p. xxv
3 Jarecki, Eugene (2006), Why We Fight, Sony Classic Pictures e Charlotte Street Film
4 Chatterjee (2009), Halliburton's Army – How a Well-Connected Texas Oil Company Revolutionized the Way America Makes War, Nova Iorque, Nation Books, p. 213
5 Landau, Saul (2007), A Bush and Botox World, Califórnia, Counterpunch, p.60
6 Ibid, p. 61
7 Conferência das Nações Unidas sobre o Comércio e o Desenvolvimento (CNUCED) (2008), Economic Development in Africa 2008. Export Performance Following Trade Liberalization: Some Patterns and Policy Perspectives, Nova Iorque e Genebra, Nações Unidas, http://www.unctad.org/en/docs/aldcafrica2008_en.pdf
8 Moyo, Dambisa (2009=, Dead Aid – Why Aid Is Not Working and How There Is Another Way for Africa, Londres, Allen Lane
9 Calderisi, Robert (2007), The Trouble With Africa: Why Foreign Aid Isn't Working, New Haven e Londres, Yale University Press
10 Moyo (2009), p.15
11 Ibid, pp. 15-16
12 Bond, Patrick (2006), Looting Africa – The Economics of Exploitation, Pietermaritzburg, University of Kwa Zulu-Natal Press, pp. 33-4
13 Fontanel, Jacques e Biays, Jöel-Pascal (2007), "Africa and the IMF", Africa Geopolitics, janeiro-março, p. 227
14 Calderisi (2007), pp. 208-17
15 Bond, Patrick (1999), "Globalization, pharmaceutical pricing and South African health policy: managing confrontation with US firms and politicians", International Journal off Health Services, vol. 29, n.º4
16 Bond (2006), p. 35

17 Ibid

18 Citado in SA Institute for International Affairs e-Africa (2004), Maio

19 Chomsky, Noam (2007), Failed States – The Abuse of Power and the Assault on Democracy, Londres, Penguin Books, p. 25

Capítulo 4: Os passos dos consultores

1 Excerto do poema "Laguna Guatavita", da coletânea de Nnimmo Bassey, We Thought It Was Oil But It Was Blood (2008, 2.ª edição), Ibadan, Kraft Books

2 Klein, Naomi (2009), "Why we should banish Larry Summers from public life", 19 de abril, http://www.naomiklein.org/articles/2009/04/why-we-should-banish-larry-summers-public-life

3 Summers, Lawrence (1991), "Let them eat pollution", 12 de dezembro, citado por Aaron Petcoff, consultora económica, http://aaronpetcoff.com/2009/01/02/let-them-eat-pollution/. Este memorando acessível por uma fuga de informação, foi publicado pela primeira vez pela revista The Economist, a 8 de fevereiro de 1992

4 Guest, Robert (2004), The Shackled Continent: Africa's Past, present and Future, Londres, Macmillan, p.20

5 Bolton, Giles (2008), Aid and Other Dirty Business – an Insider Reveals How Globalisation and Good Intentions Have Failed the World's Poor, Londres, Ebury Press, p. 218

6 "African Alternative Framework to Structural Adjustment Programs for Socio-Economic Recovery and Transformation" (1989), http://www.africaaction.org/african-iniciatives/aaf3.htm

7 Chomsky, Noam (2003), Radical Priorities, Otero, C.P. (ed), Oakland, CA, AK Press, p. 279

8 Ibid

9 Stiglitz, Joseph (2000), "What I learned at the world economic crisis", The Insider, The New Republic, 17 de abril, citado in Shah, Anup (2008), "Structural adjustment – a major cause of poverty", Global Issues, atualizado a 29 de outubro, http://www.globalissues.org/article/3/structural-adjustment-a-major-cause-of-poverty

10 Bretton Woods Project Update (2001), "PRSPs just PR, say civil society groups", http://www.brettonwoodsproject.org/art-15999

11 Banco Mundial (s.d.)
http://web.worldbank.org/WBSIRE/EXTERNAL/NEWS/0,,c
ontentMDK:20040942-
menuPK:34480~pagePK:34370~theSitePK:4607,00.html

12 Banco Mundial (2009), "Debt relief",
http://web.worldbank.org/WBSITE/EXTERNAL/EXTSITET
OOLS/0,,print:Y~isCURL:Y~contentMDK:20147607~menuP
K:344191~pagePK:98400~piPK:98424~theSitePK:95474,00hy
ml

13 Millet, Damien e Toussaint, Eric (2004), Who Owes Who? – 50
Questions About World Debt, Londres, Zed Books, p.90

14 Consulte http://go-worldbank.org/41MVXTQ090

15 Bloomberg (2011), "IMF electoral math doesn't add up", 25 de
Maio, http://www.bloomberg.com/news/2011-05-25/the-imf-s-
electoral-math-doesn-t-add-up.html

16 Carnegie Council (2002), "The mystery of capital", 8 de Maio,
http://www.carnegiecouncil.org/resources/publications/morgen
thau/99html

17 Global Policy Journal (2011), "Profile: Hernando deSoto",
http://www.globalpolicyjournal.com/practitioners-advisery-
board/hernando-de-soto

18 Vicky, Alain (2011), "Who owns Buganda", agosto, Le Monde
Diplomatique

19 World Policy Journal (2011), "This land is your land", verão,
http://www.worldpolicy.org/journal/summer2011/this-land-is-
your-land

20 Vicky, Alain (2011)

21 DeSoto, Hernando (2000), The Mystery of Capital, Nova Iorque,
NI, Basic Books

22 Guest (2004), pp. 58-61

23 Tran, Mark (2009), "UN denies complicity inCongo war crimes",
11 de novembro, The Guardian,
http://www.guardian.co.uk/world/2009/nov/11/congo-un-
rebels-rwanda-kimia

24 Pan African News Wire (2009), "Clinton threatens Eritrea over
US failure in Somalia", 9 de agosto,
http://panafricannews.blogspot.com/2009/08/clinton-threatens-
eritrea-over-us.html

25 Friends of the Earth (2009), "ArcelorMittal in Liberia –
problemas to iron out", in ArcelorMittal; Going Nowhere Slowly
– A Review of the Global Steel Giant's Environmental and Social
Impacts in 2008-2009, Maio, http://www.foeeurope.

Org/corporates/Extractives/arcelomittal_going_nowhere_web.p
df

26 Murphy, Richard (2007), "Mittal Steel did the right thing: will Firestone?", 1 de Maio

27 Global Witness (2007), "Heavy Mittal", 2 de outubro, http://www.globalwitness.org/library/heavy-mittal

28 Friends of the Earth (2009)

29 Williams, Stephen (2009), "A Frontier too far?", Oil Review Africa, n.º3

30 Urquhart, Sam (2009), "Fragmenting Sudan the Jarch Way", Hidden Paw, 3 de março, http://szamko.wordpress.com/2009/03/06/fragmenting-sudan-the-jarch-way/

31 32 Jarch (2011), "Company overview", http://www.jarchcapital.com/company-overview.php

32 Ibid

Capítulo 5: A extração destrutiva

1   Excerto do poema "Gas flares", de Nnimmo Bassey

2   Human Rights Watch (1999), The Price of Oil – Corporate Responsibility and Human Rights Violations in Nigeria's Oil Producing Communities, Nova Iorque, NI, Human Rights Watch, p. 202

3   Okonta, Ike e Dougla, Oronto (2001), Where Vultures Feast – 40 years of Shell in the Niger Delta, Benin City, Environmental Rights Action eFriends od the Earth Nigeria, p. 142

4   Steiner, Richard (2008), Double Standards? International Best Practice Standards to Prevent and Control Pipeline Oil Spills, Compared with Shell Practices in Nigeria, Amesterdão, Milieudefensie

5   Sheehan, Paul (2001), "Corporate spin and lies: a spymaster's lament, and a warning to us all", Sydney orning Herald, http://www.commondreams.org/views01/0228-02.htm

6   Lewis (1996), "Blood and oil: a special report: after Nigeria represses, Shell defends its record", The New York Times, citado in Rowell, Andrew (1996), Green Backlash – Global Subversion of the Environment Moveent, Londres, Routledge, p. 293

7   Christian Aid (2004), Behind the Mask – The Real Face of Corporate Social Responsibility, p. 30

8   Pigging Products and Services Association (PPSA), (2004), "Using benchmarking to optimise the cost of pipeline integrity management", citado por Richard Steiner (2008), Double Standards? International Best Practice Standards to Prevent and Control Pipeline Oil Spills, Compared with Shell Practices in Nigeria, Amersterdão, Friedns of the Earth Netherlands

9   Cellarius, Richard (2009), "The environmental implications of uncenvencional oil production and exploration (Artic and Canada Oil [tar] sands)", 13 de outubro, apresentado na conferência, Extractive Industries: Blessing or Curse? Social Impacts of Oil and Gas Industry, Bruxelas, Bélgica

10 Okorodudu-Fubara, Margaret T. (1998), Lwa of Environmental Protection – Materials and Texts, Ibadan Caltop Publications, p. 815

11 Okonto e Douglas (2001)

12 A NOSDRA foi instituída pela lei da Assembleia Nacional de 18 de outubro de 2006, visando proporcionar um quadro institucional para a coordenação e a implementação do National Oil Spill Contingency Plan (NOSCP) para a Nigéria, de acordo com a Convenção Internacional sobre a Prevenção, Atuação e Cooperação no Combate à Poluição por Hidrocarbonetos (OPRC) 1990, da qual a Nigéria é signatária. A agência é mandatada para garantir uma resposta atempada, eficaz e adequada a todos os derrames de petróleo e pata assegurar a limpeza e a recuperação dos locais afetados.

13 Relato do serviço noticioso nigeriano do Daily Independent (2009), "A Nigéria regista 2122 derrames de petróleo em quatro anos", 6 de outubro, http://www.nigeriannewsservice.com/index.php/Your-Naira/Nigeria-Records-2122-Oil-Spills-In-Four-Years.html

14 Baseado em dados do Nigerian Department of Petroleum Resources (DPR)

15 Programa das Nações Unidas para o Ambiente (PNUA), (2011), Ogoniland Oil Assessment Reveals Extent of Environmental Contamination and Threats to Human Health, http://www.unep.org/newscentre/Default.aspx?DocumentID=2649&ArticleID=8827&1=en

16 Citado in Bassey, Nnimmo (2011), "The agony of Ogoni", jornal NEXT, Lagos, 11 de agosto, http://234next.com/csp/cms/sites/Next/Money/5738479-146/story.csp

17 Moody, Roger (1998), Out of Africa: Mining in the Congo Basin, IUCN The Congo Basin – Human and Natural Resources, Amesterdão, p. 137

18 Reguly, Eric (2008), "Rio Tinto tries do sidestep elephant in the room", 14 de julho, http://www.theglobalbeandmail.com/servlet/story/LAC.200807 14.RREGULY14/TPStory?cid=al_gam_globeedge

19 Times (2010), "Fabulous wealth in mArange diamonds", 8 de agosto, http://www.timeslive.co.za/africa/article591181.ece/Fabulous-wealth-in-Marange-diamonds

20 BBC (2011), "Marange diamond field torture camp discovered", Panorama, 8 de agosto, http://www.bbc.co.uk/news/world-africa-14377215

21 Consulte Africa-Asia Confidential: Zimbabwe Country Profile

22 Levkowitz, L., Ross, M e Warner, J. (2009), "The 88 Queensway Group: a case study in Chinese investors' operations in Angola and beyond", preparado para a Comissão EUA-China de Economia e Segurança

23 Ibid

24 Swain, J. (2011), "ZANU in shadow of elusive magnate", 12 de março, http://www.businesslive.co.za/africa/2011/03/12/zanu-in-shadow-of-elusive-magnate

25 Brautigam, D. (2009), Dragon's Gift: The Real Story of China in Africa, Oxford, xford University Press

26 Africa-Asia Confidential (2009), "China Sonangol targets Harare's gold and oil", novembro

27 Reuters (2011), "China's Anjin Zimbabwe diamond output hits 1 million carats", 7 de abril, http://www.businesslive.co.za/Feeds/reuters/2011/04/07/chin a-s-anjin-zimbabwe-diamond-output-hits-1-million-carats

28 Entrevista com Khadija Sharife (junho de 2011)

29 Zimbabwe Metro (2010), "Arrested diamond researcher 'set up' by KP monitor", 3 de junho, http://www.zimbabwemetro.com/headline/arrested-zimbabwean-diamond-researcher-%E2%80%98set-up%E2%80%99-by-kp-monitor/

30 The African Report (2011), "Companies profit from toxic water", março, http://www.theafricareport.com/component/content/article/54 /5138186.html

31 Ibid

32 Ibid

33 Africa Earth Observatory Network (AEON), (2010), "H2o-CO2 energy equations for SA", 22 de novembro, http://www.aein.uct.ac.za/news/news.php?newsId=29&start=6

34 A Wikileaks viria a revelar que, de acordo com um oficial diplomático dos EUA, "um contacto na International Finance Corporation em Washington D.C. disse que alguém pagara $7 milhões a alguém na presidência, como suborno para se cancelar o contrato com a Rio Tinto". Esse rumor pode ou não ser verdadeiro.

35 BIC (2008), "IFC considers record mining investment in Guinea as its Simandou concession comes under dispute", 11 de agosto em http://www.bicusa.org/en/Article.3871.aspx

36 Hotter, A. e Matthews, R.G. (2009), "Rio Tinto, Guinea spar over mining rights – miner told to remove equipment, cede half of mineral-rich area", 24 de julho, http://online.wsj.com/article/SB124838931608377349.html

37 Rio Tinto (2009), "Rio Tinto Simandou project information", julho, www.riotintosimandou.com

38 Financial Times (2011), "Guinea to review mining licences", 4 de março, http://www.ft.com/intl/cms/s/0/5ae818ec-469e-11e0-967a-00144feab49a.html#axzz1XDNQGJuq

39 Africa Confidential (2011), "Conde drives a hard bargain", 8 de julho

40 Souare, I. (2009), "Explaining the December 2008 military coup d'etat in Guinea", Conflict Trends, n.º1

41 Africa Confidential (2011), "Conde drives a hard bargain", 8 de julho

42 Africa Confidential (2010), "Votes and the mining house", 28 de Maio

43 Al Jazeera (2011), "Guinea's president residence attacked", 19 de julho, http://english.aljazeera.net/news/africa/2011/07/201171974410871681.html

44 Africa News (2011), "Guinea: security forces repress demonstration", 28 de setembro, http://www.africanews.com/site/Guinea_Security_forces_represse_demonstration/list_messages/39892

45 Banro Corporation (2009), "Banro Foundation and the Luhwindja community celebrate handover of new high school and potable water system", declaração de imprensa, Toronto, 11 de Maio

46 John Lasker (2009), "Digging for gold, mining corruption", 29 de outubro, http://canadiandimension.com/articles/2565/>http://canadian dimension.com/articles/2565/

47 The Guardian (2009), "Germany arrests Hutu extremist group leaders", Lagos 18 de novembro, p. 10

48 Almeida, Henrique (2009), "Extra troops as illegal diamond miners flood over DRC/Angola border", Reuters, 19 de Maio

49 A Congo Conflict Minerals Act, patrocinada por Richard Durbin, Líder da Maioria do Senado, juntamente com os Senadores Sam Brownback, republicano do Texas, Russell Feingold, democrata do Winsconsin, e Charles Schumer, democrata de Nova Iorque.

50 Knight, Danielle (2009), "DR-Congo: US Congress moving to track 'conflict minerals'", Inter-Press Service, 15 de Maio, http://www.ipsnews.net/africa/nota.asp?idnews=46868

51 Lasker, john (2009)

52 Reuters (2009), "DRC, First Quantum must relaunch talks – minister", 9 de outubro, http://www.miningweekly.com/article/drc-first-quantum-must-relaunch-talks---minister-2009-10-09

53 IRIN (2006), "Zambia: Kabwe, Africa's most toxic city", 9 de novembro, http://www.irinnews.org/Report.aspx?ReportID=61521

54 IRIN (2008), "Paying the price of mining", 15 de fevereiro, http://www.irinnews.org/printreport.aspx?reportid=76780

55 GroundWork (2008), "Wasting the Nation – making trash of people and places", Pietermaritzburg, relatório do groundwork

Capítulo 6: O caos climático e as falsas soluções

1 "If climate change were little change", da coletânea de Nnimmo Bassey, I Will Not Dance to Your Beat (2011) Ibadan, Kraft Books

2 Greenpeace (2005), "Climate change: a burden Africa cannot afford", 6 de julho, http://www.greenpeace.org.uk/blog/climate/climate-change-a-burden-africa-cannot-afford

3 Intergovernmental Panel on Climate Change (IPCC) (2007), "Summary for policymakers", in Climate Change 2007: Impacts, Adaptation and Vulnerability. Contribution of working Group II

to the Fourth Assessment Report of the Intergovernmental Panel on Climate Change, Cambridge, Cambridge University Press

4   Calderisi, Robert (2007), The Trouble With Africa – Why Foreign Aid Isn´t Working, New Haven, Yale University Press, pp. 126 – 7

5   Collier, Paul et al (2008), "Climate Change and Africa", 6 de maio, http://users.ox.ac.uk/~ecnpco/.../pdfs/ ClimateChangeandAfrica.pdf

6   Godrej, Dinyar (2006), "The no-nonsense guide to climate change", New Internationalist, p. 14

7   Lohman, Larry (2004), "Neoliberalism and the calculable world: the rice of carbon trading", in Brich, K., Mykhnenko, V. e Trebeck, K (eds) (forthcoming) The Rise and Fall of Neoliberalism: The Collapse of an Economic order? Londres, Zed Books. Note-se que Al Gore tornou-se homem do Mercado do carbono

8   Monbiot, George (2009,) " A self-fulfilling prophecy", The Guardian, 17 de março

9   Numa entrevista à Newsweek, "Countdown to Copenhagen (Contagem regressiva a Copenhaga) " (16 de novembro de 2009), por exemplo, Kevin Rudd, o primeiro-ministro da Austrália disse: "Há inúmeras tecnologias bem estabelecidas no campo CCS (Captura e Armazenamento do Carbono). O que falta, no entanto, são projetos suficientes em escala, ou seja, projetos de eletricidade, a gerar 500 megawatts. O G8 comprometeu-se a estabelecer 20 desses projetos operativos até 2020, mas, até hoje, 2009, ainda não estabeleceu nenhum."

10 Carbon Trade Watch (2007), The Carbon Neutral Myth – Offset Indulgences for your Climate Sins, Amesterdão, Transnational Institute, p. 54

11 Gilbertson, Tamra e Reyes, Oscar (2009), Carbon Trading – How it Works and Why it Fails, Uppsala, Dag Hammarskjold Foundation, p. 10

12 Bond, Patrick (2010), "Maintaining momentum after Copenhagen's Collapse: seal the deal or "Seattle" the deal?', Capitalism Nature Socialism, vol. 21, nº 1, pp. 14 – 27

13 Esta é a posição da Friends of the Earth International (Amigos da Terra Internacional) e outras campanhas de grupos da sociedade civil para a justiça climática.

14 De acordo com a Wikipedia, a população da República Popular da China é a maior consumidora de carvão no mundo e está prestes a tornar-se a maior utilizadora de eletricidade produzida

192

através do carvão, atingindo 1,95 mil biliões de quilowatts/hora por ano, ou 68,7% da sua eletricidade produzida pelo carvão, conforme dados de 2006 (comparado a 1,99 mil biliões de quilowatts anuais, ou 49% para os Estados Unidos). A hidroelétrica fornecia outros 20,7% eletricidade que a China precisava em 2006. Com aproximadamente 13% das reservas mundiais oficiais, a China tem carvão suficiente para manter o crescimento da sua economia por um século, ou mais, embora a procura esteja atualmente a ultrapassar a produção. A indústria de mineração da China é a mais mortífera do mundo e tem o pior registo de segurança, com uma média de 13 pessoas a morrerem por dia nas minas de carvão, em comparação com as 30 pessoas que morrem por ano, nos Estados Unidos. Para mais informações, consulte: http://en.wikipedia.org/wiki/Coal_power_in_China

15 Bassey, Nnimmo (2008), "Interrogating oficial mechanisms for tackling climate change" junho no www.eraction.org

16 International Institute for Applied systems Analysis (2008), "food security and sustainable agriculture – the challenges of climate change in sub-saharan Africa", 8 de maio em um evento da Comissão da Nações Unidas para o Desenvolvimento Sustentável – 16 nas Nações Unidas, Nova Iorque

17 Anderson, Teresa (2009), "Email on the ABN lists", 11 de novembro

18 Lee, Joise (2009), "Differences over indigenous peoples' rights and forest conversion in REDD-plus", 9 de outubro, TWN Bangkok News Update, n° 18, http://www.twn.org.sg

Capítulo 7: Deixar o petróleo do Delta do Níger no solo

1 Excerto do poema "Justice now' da coletânea de Nnimmo Bassey, I Will Not Dance to Your Beat (2011), Ibadan, Kraft books

2 Ojo, Eric (2009), "Bankole laments illegal oil bunkering in Niger Delta – challenges security agencies on leakages in public funds", Business Day, 12 de novembro

3 Amnesty Press Statement (2011), Henry Ugbolue (chefe de media e comunicação) 6 de setembro

4 Consulte: http://www.iht.com/articles/2008/07/31/business/oil.php

5   World Socialist Website (2008), "Oil Giants report massive profits", 6 de agosto, http://wsws.org/articles/2008/aug2008/oil-a06.shtml. Este relatório indica que "as grandes companhias de petróleo apareceram com um lucro combinado e afixado em $160 mil milhões para 2008. Isso compara-se a $123 mil milhões em 2007. A Exxon e outras companhias de petróleo têm recompensado os seus CEO com vários milhares de milhões de dólares. No ano passado, o CEO da Exxon, Rex Tillerson, fechou o ano com $16,1 milhões em opções de ações, além dos seus $1750 mil de salário. Para além disso, recebeu um bónus de $3,36 milhões. O presidente da Conoco, James Mulva recebeu $31,3 milhões no ano passado."

6   Citado em ERA/CJP (2005), Gas Flaring in Nigeria: A Human Rights, Environmental and Economic Monstrosity, Amsterdão, junho. Esta brochura está disponível em: www.climatelaw.org e www.eraction.org

7   Environmental Rights Action (ERA) (2008), "ERA fact sheet on gas flaring", dezembro

8   Multinational Monitor (2007), "The end of oil" (editorial), janeiro–fevereiro, p.6. Este assunto da Multinational Monitor mostra, entre outras coisas, que "o controlo das políticas de energia e das fontes de energia pelas Companhias, especialmente nos Estados Unidos, país que consome mais energia que qualquer outro, é o único e maior obstáculo a eliminar e, assim, reverter a catástrofe mundial que se avizinha a passo rápido."

9   A uma média de crescimento de 2,025%. Consulte: http://www.cia.gov/library/publications/the-world-factbook/print/ni.html

10 Centre for Research on Multinational Corporations (SOMO) (2008), "Taxation and financing for development" SOMO Paper, outubro.

11 São inúmeras as provas. Consulte, exemplo: Ezeobi, Obinna (2008), "FG suspends oil bid rounds", The Punch, 23 de agosto, http://www.punchontheweb.com/Articl.aspx?theartic=art20080 8231593070

Capítulo 8: Remando contra a maré, unido por laços de sangue

1 "They charged through the mounted troops", poema da coletânea de Nnimmo Bassey, I Will Not Dance Tto Your Beat (2011), Ibadan, Kraft Books

2 Citado in Meredith, Martin (2006), The State of Africa – A History of Fifty Years of Independence, Londres, Free Press. Meredith chega à conclusão de que foram sentimentos como este que levaram Moçambique à ruína e, provavelmente, à guerra civil. Temos uma opinião diferente, quanto a esse discurso que consideramos uma declaração franca e visando o melhor caminho para uma soberania do estado com uma verdadeira orientação pós-colonial. Os que se proclamam cidadãos de uma nação, devem chegar a acordo sobre aquilo que poderia trazer o bem comum. As diferentes reações para com os movimentos nacionalistas que foram surgindo ao longo da história, encurralaram a África num beco cuja saída está bloqueado por grandes barreiras económicas, políticas e sociais.

3 Weisman, Aan (2008), The World Without Us, Londres, Virgin Books, pp. 72 – 3

4 Dahomey é atulmente conhecido como República de Benim

5 Wikipedia, "Dahomey Amazons", http://en.wikipedia.org/wiki/Dahomey_Amazons

6 Tuner, Teresa e Brownhill, Leigh (2005), "Why women are at war with Chevron: Nigeria subsistence struggles against the international oil industry", in Tuner, Teresa e Brownhill, Leigh, The New Twenty-First Century Land Oil Wars: African Women Confront Corporate Rule, Nova Iorque, NY, International Oil Working Group

7 Environmental Rights Action (ERA) (2002), "Protesting women continue occupation of Chevron flow-stations´, ERA field Report, 22 de julho

8 Ogoni Bill of Rights (2ª edição) (1992), Port Harcourt, Saros International. A Bill of Rights foi inicialmente produzida de forma não publicada, em 1990

9 A repressão que seguiu a Operation Climate Change (Operação Mudanças Climáticas) inspirou o meu poema "We thought it was oil but it was blood" (do livro com o mesmo título, Kraft Books, 2002), um excerto que aparece no inicio do Capítulo 1 deste livro

10 Oilwatch International (2006), Chevron: The Right Hand of the Empire – Urgent Information on Chevron Texaco, Oilwatch International

11 ERA (2008), "Chevron trial: Ilaje will appeal ruling", declaração de imprensa, Lagos, 3 de dezembro

12 United States District Court for the Nothern District of California (2009), Larry Bowoto et al., plaintiffs, v. Chevron Corporation et al., defendant Order Denying Bill of Cost, Nº C 99-02506 SI, p.2

13 Ibid, p.3

14 Para mais informações, consulte: United States District Court for the Nothern District of California (2009)

15 Consulte: http://www.ienearth.org/keystone-xl-pipeline.html?utm_medium=email&utm_source=MyNewsletterBuilder&utm_content=109788589&utm_campain=lets+unite+with+one+voice+Keystone+XL+Pipeline+Hearings+1411016627&utm_term=

16 Klein, Naomi (2007), The Shock Doctrine, Londres, Penguin Books

17 Bassey, Nnimmo (2007), Oil, Environment and Economics Crisis, http://www.pambazuka.org/en/category/comment/44280

18 ERA (2009), "ERA and FoE´s visit to Gbamaratu displaced persons", ERA Field Report nº 207, 12 junho

19 Adebayo, Sola (2009), "Ex-militant leaders suspend talks with FG", The Punch (Lagos), 8 de novembro, p.7

20 Ibid

21 Owuamanam, Jude (2009), "Bunkering: Uduaghan blames oil firms, multinationals", The Punch (Lagos), 8 de novembro, p.5

22 Ojo, Eric (2009), "Bankole laments illegal oil bunkering in Niger Delta – challenges security agencies on leakages in public funds", Business Day, 12 de novembro, p.8

23 Ehirim, Chucks (2009), "How naval officers aid Bunkering", National Daily (Lagos), 16–22 de novembro

24 Saidou, Djibril (2009), "Niger President Tandja grants Tuareg rebels amnesty", Sahel Says, 26 de outubro http://www.bloomberg.com/apps/news?pid=206011166&sid=a.9TKAMA7DYU

25 Mass, Peter (2009), Crude World: The Violent Twilight of Oil, Londres, Allen Lane

26 Em 1990, a comunidade Umuchem foi saqueada por unidades de polícia móveis que pegaram fogo a 500 casas e mataram 80 pessoas, pelo simples facto de elas se terem atrevido a organizar

196

um protesto contra a exploração dos seus recursos sem direito a quaisquer benefícios.

27 O massacre dos Odi ocorreu em novembro de 1999 sob a presidência do chefe Obsanjo; 2843 cidadãos, incluindo crianças e os idosos, foram mortos. Para mais informações, consulte: ERA, A Blanket of Silence, em www.eraction.org

28 Sams, Ngozi (2009), "Manage your oil wealth well, Venezuela urges Nigeria", jornal NEXT, 24 de novembro, http://234next.com/csp/cms/sites/Next/Money/Business/5485 512-147/story.csp

29 Dembélé, Demba Mousa (2008), "Sankara 20 years later: A tribute to integrity", Pambazuka News, n°402, http://pambazuka.org/en/category/features/51193

30 Ibid

31 Ibid

32 Jacobs, Sean Wednesday (2008), "Sankara: daring to invent Africa's future", The Guardian (UK), 15 de outubro, http://www.guardian.co.uk/profile/seanjacobs, and Cheriff, M.S.Y. (2007), "Thomas Sankara: chronicle of an organized tragedy", Africa News, 17 de setembro, http://www.africanews.com/site7list_messages/11528

33 The Vanguard (2009), "10 Percent Oil Revenue for Niger-Delta Communitoes", 20 de outubro, em http://allafrica.com/stories/200910200994.html

34 Douglas, Oronto (2009), "Niger Delta: defining the community in an age of ten percent", The Nation (Lagos), 8 de novembro, http://thenationonlineng.net/web2/articles/24636/1/Niger-Delta-Difining-the-community-in-an-age-of-ten-percent/Page1.html

35 Nigerian Tribune (2009), "Niger Delta communities demand interpretation of 10 perent equity for oil host communities", 16 de novembro, http://www.tribune.com.ng/16112009/news/news11.html

36 Oakland Institute (2011), "Understanding land investment deals in Africa – Nile Trading and Development Inc. in South Sudan", Land Deal Brief, junho, http.//media.oaklandisntitute.org/sites/oaklandinstitute.org/file/OI_Nile_Brief_0.pdf

37 Bond, Patrick e Dorsey, Michael K. (2010), "Anatomies of environmental knowledge and resistance: diverse climate justice movements and waning eco-neoliberalism", Journal of Australian Political Economy, n°66

197

38 Consulte: Manji, Firoze e Eline, Sokari (eds) (2012), Africa
   Awaking: The Emerging Revolutions, Oxford, Pambazuka Press
39 Da coletânea de Nnimmo Bassey (2002), We Thought It Was Oil
   But It Was Blood, Ibadan, Kraft Books

www.ingramcontent.com/pod-product-compliance
Lightning Source LLC
Chambersburg PA
CBHW070108290526
45789CB00005B/1971